OneBook

一
本

*One*
*Book*

*tg_onebook@126.com*

万千世界　不离壹刻

# 壹刻

李
易峰

最好的时光

A once in a lifetime moment

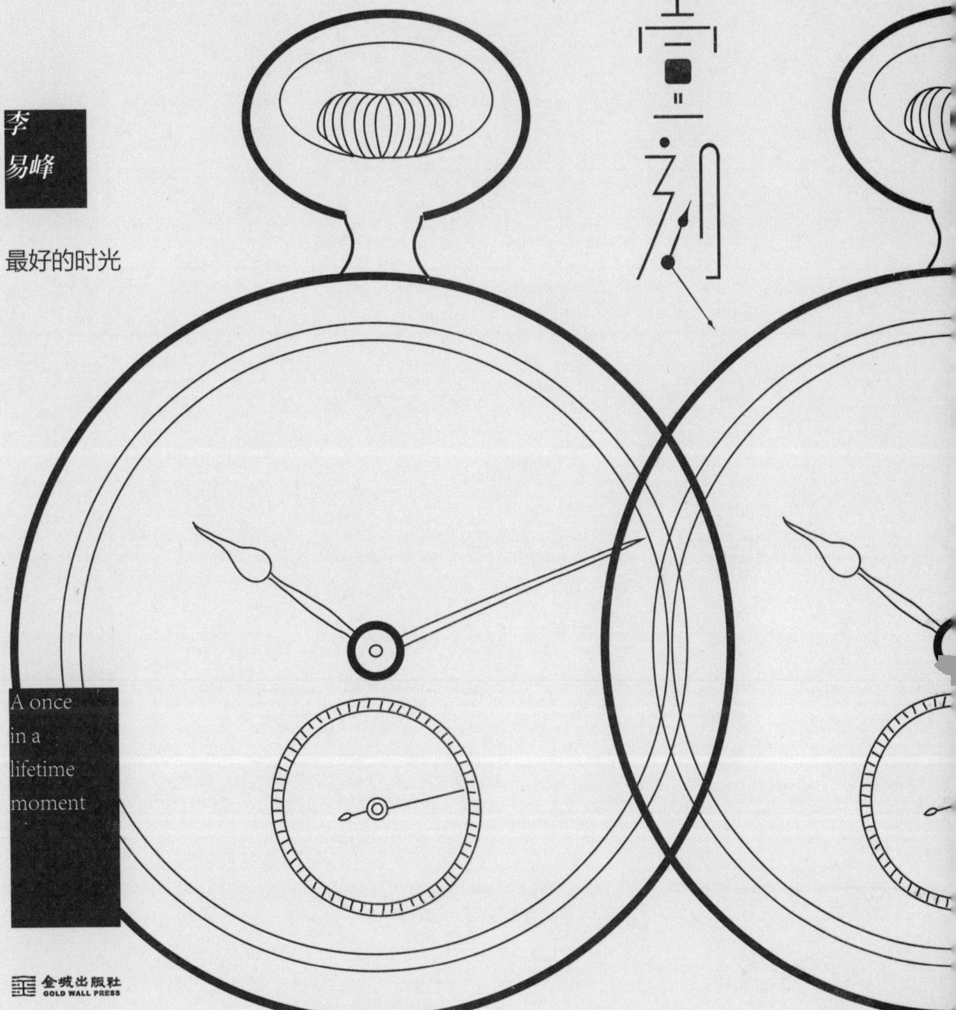

金城出版社
GOLD WALL PRESS

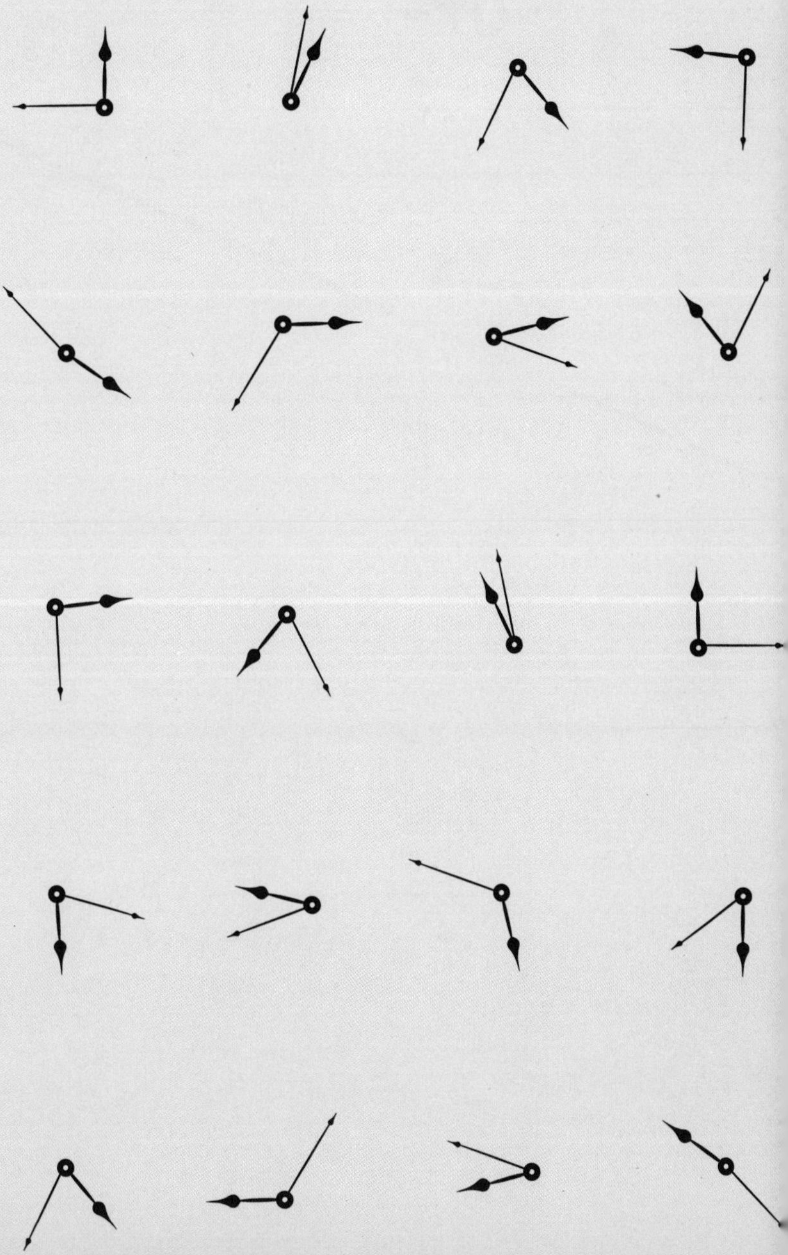

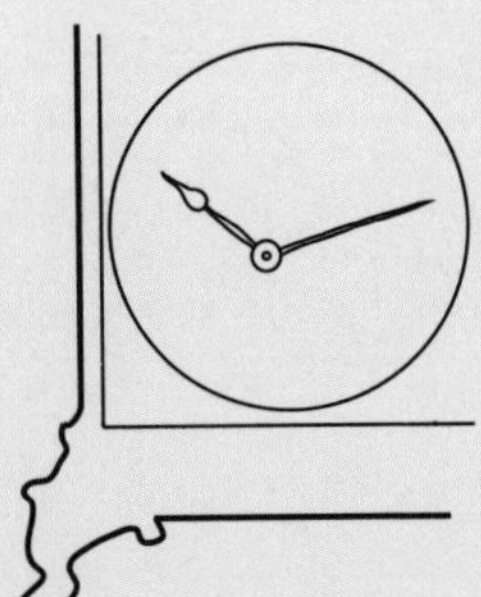

instant

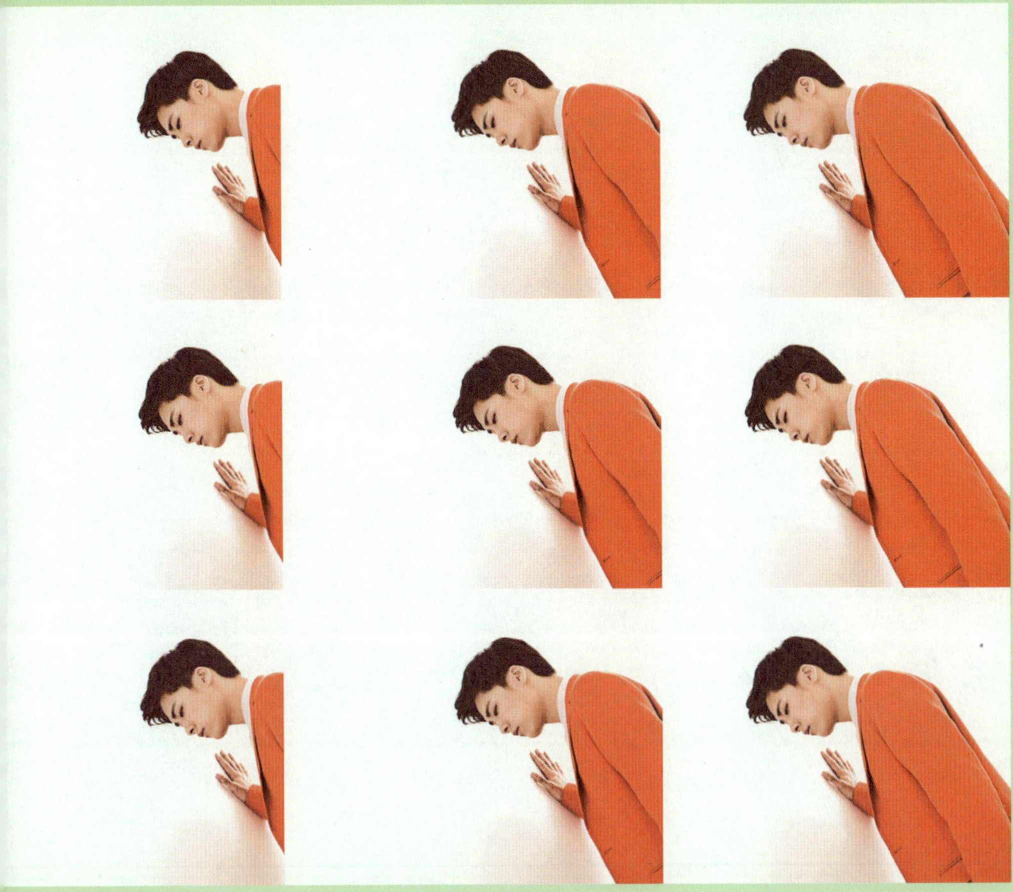

# 序

幼猫成年要一个四季
新酒酿熟总得隔上两个春天
游乐场完工大概会经过三年度大雪
青春好戏唱一出也就读书那几年
飞机从图纸上落地需要两代人
追完一部连续剧其实二十来天
北半球跨到南半球不过二十四小时
爱上谁只是一瞬间
每个一刻　便是经年

些误会，就觉得，这个人有点耍大牌吧，拽拽的，问你的问题你也不答，又或者是觉得你不专业，不懂采访。『我觉得还好吧！』基本上这就是我的回答。我觉得有一些误会，但是不知道怎么说。我现在比以前好了点，但是还很不够，还应该再去多学一学别人的长处。

会面对很多镜头说话，会面对很多人谈自己的想法，会比以前自信。



## *chapter – 03*

### 时常想起的小时候

我从幼儿园到大学，每一个班主任老师跟我关系都很好，都挺喜欢我的。

刚开始进初中，初中的年级组长第一次见到我的时候，他就跟我爸妈说，这个小孩以后跟他打交道的时间会比较多。我爸妈问为什么。『你看他长着一副闹事的样子，很调皮。』然后我父母也没说什么，因为他们知道我还蛮乖的。初三时年级组长有一次碰到我，然后跟我聊，『我当了这么多年的老师，第一次看走眼，你还真是一个好孩子。』所以，要用行动去证明自己。

# 目录

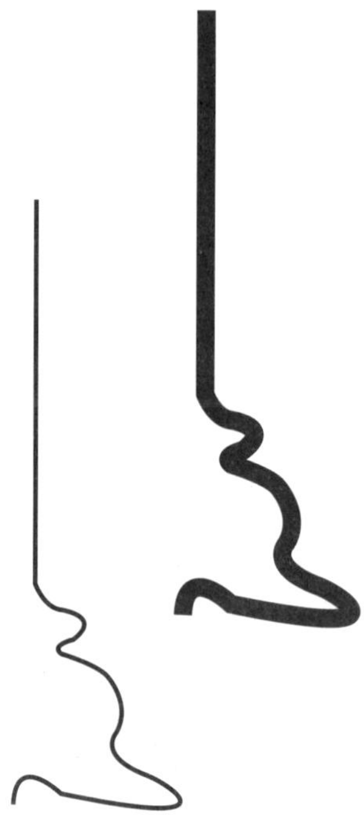

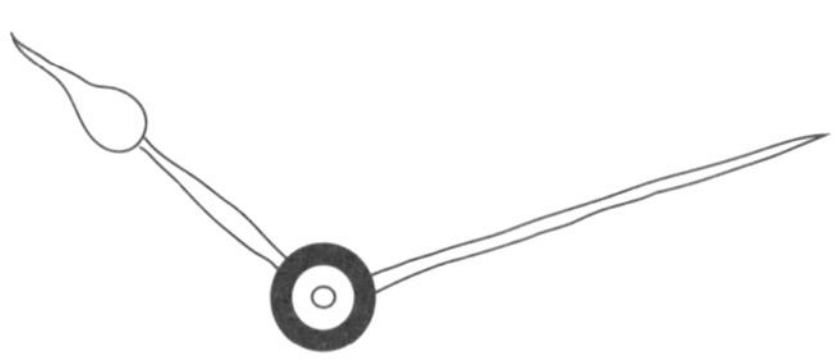

2011年，我24岁的时候，有很长一段日子失眠。那时候常常一个人坐在屋子里，空荡荡的，不开灯。就这么坐着，想一想，然后给经纪人打电话，我也说不清楚我要表达什么，也不记得说了些什么，她也许也不清楚我在讲什么，就莫名其妙地打电话。

这是我确定要把工作的重心，真正地从唱片转向演戏的转折点。那个时候我的小环境出了问题，当然，整个唱片业的大环境也不好。最多的体验是限制，用一个词来形容当时的处境，就是“困兽”——强烈地想要冲出去，但找不到方法，也找不到方向。

发了《那首歌》的EP之后，那种焦虑的感觉就开始积累，怎么做都不对。身边也有无数的声音在说，“不对！不对！你想做的不对，你做的事情也不对；说的话不对，不说话更不对。”

那是一种类似盛夏空气中的湿气和压力，苦闷、潮热，渗入肌理。情绪慢慢积攒，直至雷雨。而在大雨落下前，我变得对自己没有把握。好像连自己最初的那种新人时期的自然而然都找不到了。以前我不会想我该怎么做。但当我开始思考该“怎么做”时，

一切好像都做不到了。虽然我发过唱片，但却不知道要怎么去唱歌；我以前上过节目，但现在上节目却感觉手脚僵硬，笑起来不自在，不笑又不对；以前面对媒体虽然话不多，但还是愿意交流，现在却有一种想把嘴巴缝起来的感觉。

最开始凭着天性做事的自己，在那个时候被很多的声音操控：“你应该这样做”“你现在这样不对”“你就应该这样”“如果这些你做不到那你就什么都不用再做了”……分明是头“幼豹”，哦，也许本来是头“金光闪闪的牛”，偏偏要被人装扮成“温顺的兔子”，因为会比较有市场。当时我还属于那种自主能力不那么强的人，像小孩子一样，会被别人牵着鼻子走，说什么就是什么。但真正的我又不愿意勉强自己，不想做一些无谓的改变和配合。可惜我显然已经被影响了，开始思考固有的天性是不是该纠正，变得想太多的我，把自己困住了。

作为一个男人，在对自己产生怀疑和否定的时候，心就慌了。对自己和未来都没有信心，感觉好像什么都抓不住了。我甚至想，难道我就这么回成都了？我回去以后可以做些什么呢？我该怎么办？……那样的日子，就像一个人被关在一个黑暗的屋子里。我知道这个屋子是有出口的，但没有光引导你走过去。恐慌和固执便交互出现着。你相信自己是可以走向光明的，但又害怕如果真的永远被困在这个黑屋子里，那多么寂寞。经过那段时间的蛰伏，经历一些事，了解一些人以后，你也慢慢清楚了这个环境，明白了自己身处的位置，就会给自己一个隐约有出口的方向，走下去。这个黑屋子我终于搞明白它哪里有椅子、哪里有坑洞，就算没有光，心里也开始踏实起来了。

其实每个人在生活中都会经历这样的时刻，不管是环境还是自身所造成的瓶颈。一次我在飞机上看到一篇关于周杰伦的采访，他说："我不可能永远唱歌，唱《双截棍》唱到 60 岁。"他也在不停地改变自己——做演员、拍电影、当老板。每个人都在不停地改变，不停地让自己的触角延展，让自己的人生丰满。只要我们不在被既定的自我捆绑住的时候对人生投降，那么人生在任何时候都不会"就是这样了"。

所以有时候我会告诉自己，现在还是挺幸运的，有时间，还年轻。而且，最好的都还没来呢。我想做的，都正在慢慢实现。多么好。

闯过黑暗期之后，再回头看那段时间，说感谢太做作，但的确因为有了这样的经历，让自己去难受，去纠结，去打破，才成为了现在的李易峰。每天都在妥协，在这些妥协面前，感觉自己越来越弱小，越来越没有力量。每天又都在坚持，一点点捡起来信心，一点点找回来自我，在这样的摇摆里，在那些有意识的不自在里，慢慢地确认到真正的自己。不与这个世界握手言和，却也找到相安无事的平衡点。

雷打下来，雨落下来，天自然会晴的。

*foreword*

*A once in a lifetime moment*

# chapter

# 01

# *A once in a lifetime moment*

# Chapter 01

A once
in a lifetime moment!

## 当你真正想做一件事，全世界都会来帮你

## 舞台

很小的时候，就梦想有一天能站在舞台上。

记得上幼儿园时，我们班搞了一个文艺活动，我唱了一首情歌，是张学友的《吻别》，应该唱得还不错，歌词清晰，台风大气（嘚瑟）。老师很惊讶，觉得这么小的孩子怎么会唱这种流行歌曲？！你们知道的,那个年代还没有那么多媒介可以听到流行音乐，特别是港台的。后来长大上小学的时候，每个人都会被这样问道：你的梦想是什么？我相信很多人写过八百篇这个题材的作文。我记得很清楚，同学们的理想大多是老师、科学家、医生，等等，我的回答是：我的梦想是当一个明星！当然立刻马上被教育了。老师觉得这是不切实际的理想，而且想法幼稚不远大。也许现在老师会觉得，那时我的梦想对我来说不是梦，而是真实存在的理想。

## 足球

后来喜欢上足球，家里人很支持。因为那会儿正是四川足球兴盛的时候。每个周末，全成都的老少爷们儿，就兴奋地呼朋引伴聚集在球场或电视机前。那也正是中国足球的黄金年代。川军很猛，四川的球迷也很猛。那句“雄起”的加油口号，就是在这个时期，喊遍了大江南北。喜欢足球的我，把魏群、姚夏、马明宇视为偶像，喊着叫着

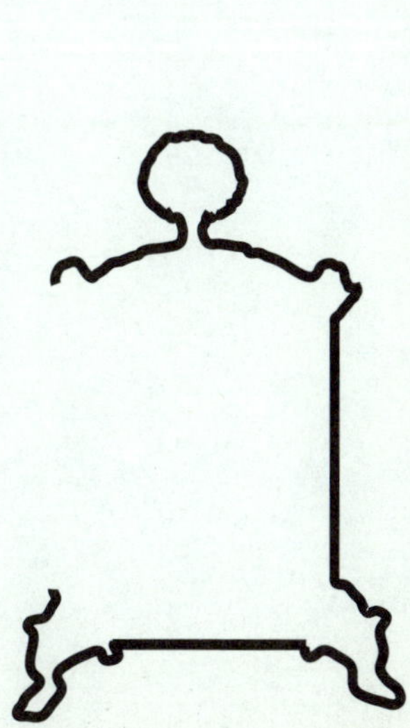

兴奋地去了足球学校，立志成为他们中的一员。这个足球学校类似于现在的特长班，就在成都跳伞塔那边。我每个周末去学校训练，学习脚法，也练体力，打小组比赛。那时候很喜欢踢足球，喜欢到基本上忘了想当明星这回事。那是一种纯粹的透着高热的喜欢，现在回想起来，都能感觉到一股子热浪袭来。除了周末的系统训练，一放学就去踢球，在教室里也踢，楼道也踢。妄想模仿当时比较流行的一部漫画的主角《足球小将》的主角，球不离身，技法高超，被选拔进入少年队，然后国家队！当然现实结果是：不靠谱的李易峰小朋友经常踢到桌子板凳和同学，然后就被老师批评批评又批评。

再后来，这段高热期也因为升入了更高的年级，学业紧张之类的原因，就慢慢地淡去了。但是那种对足球或是对体育的喜欢，却留在了我每一个周末的空闲时间里。现在看球也是在工作之余唯一能一大早让我激扬着从被子里一跳而起的唯一事物——篮球和足球都是必看啊！

小时候的爱好真的很奇妙。可能大部分的兴趣，最终都不会如我们所想的，那么明显地改变我们的人生轨迹。学足球的小子最终没有成为足球运动员，学钢琴的小姑娘最终没有成为钢琴家，学书法的孩子有可能很多年都没有再握过毛笔。但是小时候对运动的喜欢，最终让我成为一个身体素质还不错的，喜欢运动，看到球赛就高兴的人。这应该还是不错的。

## 黑暗中的梦

对我来说，和所有爱好都不太一样的，是对舞台的喜欢。对的，舞台是个符号，代表着我想成为一个明星的梦。

我不太会设计未来，对以后也不会做很具体的要求和想象。但说回梦想，年纪小的时候却对此有一个具象的画面，时常在脑海出现，觉得这就是对了的样子：站在舞台上。黑暗的舞台，我一人站着，有一束光，从空旷的高空投射而下。我看不清周围和台下，我只知道我在台上，整个舞台都是属于我的。黑暗中，有很多目光注视着我。他们跟着我笑，跟着我哭，我们一起呐喊，为这个舞台鼓掌。

小朋友对于梦想这个东西，大多数是停留在语文作文以及家长大人的逗乐里。我想那些回答想当科学家、宇航员的小朋友，应该没有多少人还记得自己的宏伟志向，更别提实现了。但这些都不妨碍我们做梦，也不妨碍我们在逐渐了解这个世界后，时不时更换下坐标，重新丈量下跑道，修正我们的梦。套用一句歌词：有梦想谁都了不起！

关于我自己，很不巧，对于舞台的梦想我持续了很久。六岁的时候老师问我，十六岁的时候我自己问我，二十六岁的时候你们问我，我的答案都基本一致。虽然这

*chapter*

*01*

二十六年的确也滋生过别的设想，当个职业球员，开个餐厅，环游世界……但舞台梦，它很执着地存在于我的身体里，就像这原本就是我的宿命。

2007 年 5 月，分赛区比赛结束后，我们要搭飞机去上海参加总决赛，那是我第一次离开四川去别的地方。到了机场才发现很多人因为我来送机和接机，沸腾的人群、扑面而来的尖叫，让我真的有瞬间的恍神。来不及多想，被簇拥着朝前走，就这么被大家推着走上了小时候的那个舞台，舞台的幽静和机场的混乱重叠了。就是在那一刻，我觉得我真实地站在了自己构想的那个舞台上。那个瞬间，我对自己说：一切都开始了。

## 内心的真实

经常会有媒体让你总结：现在的生活和工作是你想要的吗？从选秀被大家认识到现在，好几年过去了。回想这些路程，你觉得这些就是你想要的吗？

我都会毫不犹豫地回答：是。

从参加比赛一直到现在，不管遇到什么事情，几乎没动摇过最初的选择，这是一种很奇怪的笃定。从比赛站到风口浪尖到某个时期慢慢沉寂，从被人贴上长得好看的偶像歌手，到转换跑道默默从演员的基础做起，我珍惜其中的每一个过程。对于金牛座的死脑筋的我来说，没有比能够脚踏实地的双脚紧贴在路上更能内心安定了。我习惯扎实地做一些事，不用急躁，而时间和努力能够让我们积累到真正真实的东西。

*chapter*

*01*

*A once in a lifetime moment*

## 机会总是会留给默默准备的人

人的感觉有时候很奇怪，在某一些人生的关键时刻，我们像是有预知一样，感受到某种真切的声响。就像你是走在一条不知前路的山路上，在要靠近大海的时候，能听到的那种海浪拍打岩石的声音。

对我来说，大一那年参加的比赛，就是那个走向海边的神圣时刻。在此之前我从来没有体会过“冥冥中自有注定”的感觉。但那种“今年就会不一样了”的预感，实实在在地充斥在当时年轻的我的胸中。不怎么喜欢写日记的我，在寒假快要过完的时候，洋洋洒洒地在 QQ 空间中写了篇文章：新的一年一定会有一个很大的改变！我将会有不一样的人生了……

## 机遇

从高考中挣脱出来，在自己从小就生活的城市读大学，这种感觉和真正离开家，需要坐火车坐飞机去到陌生的环境开始全新的生活完全不同。我的大学开始得自然而然，高考完了，暑假也过完了，带着报到证，从城市的这边坐个车就到了城市的另一边，然后我就成为了一名大学生。成为大学生之后总要有些和以前不一样的生活吧。无外乎就是参加些社团，参加些校园比赛。刚进大学没多久参加了一个歌唱比赛，但第二轮就被刷下来了。也没把这件事放在心上，练练手而已。也有一些比赛拿了不错的名次，比如“17173 嘉年华”成都站的冠军。记得有一次许常德来我们学校做演讲，我还拜托一个学姐帮我递简历给许老师，那时候特别有“初生牛犊”的劲儿，什么都欣欣然地去参加，心态也特别好，不会去计较得失。

我相信，当你真正准备好了，属于你的机会也就到了。

大一快要结束的夏天，机会来了。2007 年的夏天，在很多人的回想里都是火热的。那年夏天，的确不同。作为“选秀之都”，大街小巷全城人民都在讨论当时大热的两档选秀节目《快乐男声》和《加油！好男儿》。走到哪里都有人调侃：喂！你报名没？你比哪个啊？同学之间也会互相怂恿，约着做组合啊，什么时候请假一起去报名啊……

真正下定决心参加比赛是听取了我妈的建议。好男和快男我都报名了，海选也都很顺利就通过了。快男的报名比较靠前，但好男儿的赛制进程更快。我的打算是哪个能走得更远，就选哪个。反正两个都试试，一个不落下。最后《加油！好男儿》的初赛通过消息先出来。接到通知电话的时候，我正在学车，手动挡。当时正离合、刹车、油门、方向盘的纠缠呢。电话一响就慌了，车还开在路中央呢。手忙脚乱靠边停车接起电话，记得特别清楚，工作人员先是恭喜说进入了下一阶段，然后告知什么时间到什

么地方报到，准备好行李，等等。当时可激动了，立马打电话告诉家里人，然后第二天就拖着行李到电视台门口报到，去了都江堰。后来快男那边也给我打电话，告诉我进入了赛区五十强。我特别酷地回绝，说我已经决定退出快男比赛了。顺便说一句，快男那边给我打电话的人，是我现在的经纪人 season 小姐。

当时对好男儿的概念就是一个电视节目，所以在心里没有想过一定要战胜谁，超过谁，最终取得什么名次，等等，我只做好我能做的。分赛区晋级后，我觉得接下来所有的成绩都是额外收获，所以那时的心态很简单，还没有来得及想比赛会给我未来的生活带来什么影响，也没有想到它启动了我的梦想之门，更没有想到它真的成为人生很重要的转折点，只是觉得有这样一个机会，能参加就参加吧，就当是锻炼了自己。

2007 年 5 月 1 日，到了上海之后就真正站在了面向全国的舞台上，那时的我对一切都充满了好奇，估计也有点人来疯，一点都没觉得紧张，新鲜和兴奋占据了我的大脑。当时就想“不存在！比啊！”（此处请查阅成都方言注解。大意为：无所谓，不害怕。）赛事是直播，第一次面对那么多人在现场的热情，面对专业评委对实时比赛的打分，面对实实在在的晋级和淘汰，现在想起来，反而为那个时候的我紧张。那时候唱歌就是唱歌，跳舞就是跳舞，什么都不想，去做就好。比较起来，现在的我每次上台前都会紧张，顾虑变得多了。这大概就是认知得越多对世界就越敬畏，小心翼翼。

好男儿比赛有一部分是真人秀形式，在宿舍每个角落都安装了摄像机记录我们的日常起居。摄影是随时随地的，我们被安排每天的行程，一天中大概要做的事，健身、练声、培训、休息，都排列成了时刻表，我们所要做的就是完成这张时刻表。我对这些奇怪的东西颇不理解，心想，我们是来比赛的，只要把歌唱好了就可以，为什么还要搞得比赛之外也不得消停？随时都有人在看你，你相当于是透明的。一开始还有些顾忌，到后来也就完全忘了摄像机的存在。在比赛中还有不能理解的事情，就是采访、做通告。以当时的我，还没有领悟到宣传的重要性，我唱歌，你们在电视上看我唱歌就好，还要说这个那个，真的有意义吗？虽然现在他们也说我没有多了解宣传的重要性。

比赛总有落幕，止步八强。我的这个夏天过完了。我没有什么悲伤难过，对未来也来不及多想，最真实的想法就是：终于可以好好睡一觉了！

因为这个夏天，我完成了我预感到的“新的一年一定会有一个很大的改变”。一切都不算突如其来，感谢我在此前的健康成长、好好学习，在机遇到来时，我不是无准备地伸手去抓。

比赛结束后，坐飞机回成都。在飞机上我很平常地打着游戏，坐我旁边的女生就看我玩游戏。突然她跟我说：“你长得像好男儿里面的李易峰啊！”我边玩游戏边侧头说：“是嘛！谢谢。”她说：“嗯，真的好像哦，你可以去看看，他最近还挺火的呢！”

*chapter*

*01*

*A once in a lifetime moment*

我说：“好啊，等我回家上网去看看。”她又问：“那你是干什么的？”我边玩游戏边跟她说：“一会儿再告诉你。”我知道会有歌迷接机，心想，嘿嘿嘿嘿，一会儿吓你一跳呢！可惜下飞机后就走散了，没有看见她的表情。隔了一段时间，我去上海参加一个活动，来了很多粉丝，有一个女生在第一排边比画边大声跟我说：李易峰、李易峰，你还记得我吗？

我当然记得，我在飞机上偶遇的女生。

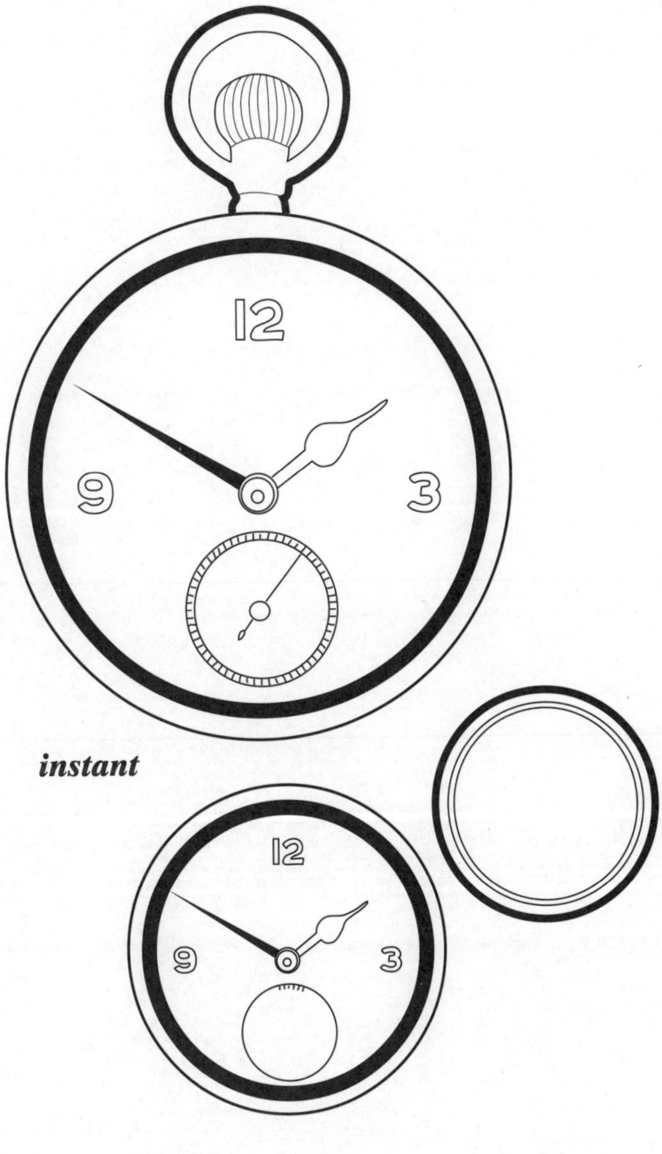

# *instant*

*chapter*

*01*

*A once in a lifetime moment*

# Chapter 02

A once
in a lifetime moment!

## 每个人都可以是自信的

## 人生理想

我的骨子里是典型的成都人性格，对理想生活状态的设想和大多数成都人没有区别：有喜欢的工作；一年中能休息比较长的时间，足够和朋友、家人去旅行；平时闲在家，四处转转吃些地道美食，说说家常话。

如果说梦想刚开始实现的时候是被命运推着走的，那么接下来，我想要慢慢地去掌控一些。人生就是一次漂流，也许没有办法改变时间的流逝和命运的朝向，但在路途中，可以用自己的力量，掌控漂流的速度和停留的地方，看愿意看的风景，去愿意去的远方。

## 成熟

这几年听到身边的人说得最多的就是，长大了，成熟了。当然，我都二十六了！又多吃了几年盐，多过了几年桥，和刚入行那时比，也该长大成熟了。

“少时一夜成名”让我有过一段找不着北的狂妄。那时候很任性，只以自我为中心，比如关于赶通告吃不到早餐这件事。以前经常要早起赶飞机赶通告，大多数情况下是不够时间吃早餐的。对于这一点我非常不理解，在我看来，只要合理规划没有不能实

chapter

02

A once in a lifetime moment

2-6
2-7
2-8
2-9
2-10
2-11
1-6
1-7
1-9
1-10

施的计划，买不到没处买那都是理解不了的理由。这样的时候我就会不高兴，坏情绪全都写在脸上，一两个小时绝对哄不下去，总之是个很欠揍的小屁孩。那时候身边的人很包容我，他们看我大概也就是个有些任性的小孩，基本上都由着我，让着我。但是啊，时间总会修正你，你不应该长出来的倒刺、夺走生长养分的歪枝丫，都会不动声色地被修剪掉，让你对着血肉模糊的自己反省，然后长大。

有段时间我急于证明自己不是小孩，我觉得我和以前不一样了，我要求每个人像对待大人一样对待我。我需要对话，需要尊重。这样的我反而更像一个闹着要糖吃的小孩，而他们对付我的方法也就是随便塞颗糖。这样的哄，让我意识到，大人不在于年纪的设定，你要让自己拥有成熟的心智，像大人一样要求自己，以一个大人的姿态和这个世界对话，并且去理解和善待这个世界，成为更好的自己才会遇见更好的世界。

我开始变得平和，收敛起脾气，用谦虚的心对人对事，也学会体谅和包容。

并不是某一件事情或者某一个节点让我改变了，是这样长久地在框架内的撞击中，偶然回头看看，才意识到自己不一样了。对于这样的成长，不唏嘘，不自满，相信发生即是有道理，对过去的自己笑笑，然后继续前行。

chapter

02

*A once in a lifetime moment*

## 怀疑

艺人是一类在人前要自信心爆棚的人。

换个通俗易懂的说法，就是要气场强大。有些人的气场是与生俱来的，就像同样出自成都的选秀皇后。有些人，比如我，要在上台前才会开启气场模式，俗称“人来疯”。我见过一些艺人，在上台前都会有些仪式，双手合十念念有词，或者和工作人员击个掌，大吼一声。我是那种默默地，走上台，看到底下的观众，那个开关就亮了。

人前我暂时对得起舞台，人后我却经常给自己打问号。在很多时候，自信和怀疑交替存在。

看到一曲酣畅淋漓的演唱，看到一段一气呵成无尿点的表演，我都会问问自己，我做得到吗？我把我想象成站在台上的人，我就会内心打鼓，觉得别人都很棒，我自己很难超越或者很难做到和他们一样好。这样的感觉有点像小时候考试，考试前会很紧张，觉得什么题目都不会，全都没复习好，但进了考场，真正做起试卷来，才知道没有想象中那么难。

这种自我否定和自我怀疑应该是件好事吧，至少我不盲目自大。考完试后我习惯再做

*chapter*

*02*

*A once in a lifetime moment*

一遍错题，想想为什么出错，是真的不会还是因为粗心。现在对于自己的工作我也会有这样的审视，每次活动结束后都会看看现场照片和视频，一些重要场次的戏也会请助理拍下来看回放，这样我对于自己能够做到的和的确有欠缺的就很清楚。

现在我的内力还够用，但想武功再上一个台阶的话，就必须闭关潜心再修炼了。我计划拿出一个整段的时间去上上课，充充电。

外界的肯定对我来说很重要。来自别人的认可和赞扬是建立我信心的一个重要基础。很多人说，我不管别人怎么评价我，我认为对的就会去做。其实我们都很难真正做到这一点吧，怎么样都会在意别人怎么看别人怎么说，我们都是在这尘世的人，没有那么超脱。只是我会辨别，别人投来的目光本意是如何。我不会因为别人的否定而全盘否定自己，但我会在乎，会由此反省。在这中间，我会特别在意家人和粉丝的看法。因为他们是我很重要的人。

## 不像艺人的人

海泉老师曾经跟我说过，做事情不要走太多弯路，听劝，会让你在通往成功的路上节省更多的时间。这话我倒是听进去了，可惜贯彻得不太好。我属于一定要自己撞了南墙才知道回头，有可能下次还想“这次大力一点撞就可能会成功哦”的倔脾气。

年轻的时候总要横冲直撞，才懂路到底该怎么走。

在娱乐圈这个名利场，我最不像艺人的地方就是“冷”。见过一些人，他们有“一秒变熟人”的超技能。有时候想想觉得有趣，也思考是不是自己也该这般修炼。但初心给我一个准则是：不求出淤泥而不染，但求做到过得了自己的关。不需要事事圆滑机智，有点棱角才是自己。自然，不随波逐流，全世界的人都一个样子就没有乐趣了，棱角有时候也会成为人生的亮点。

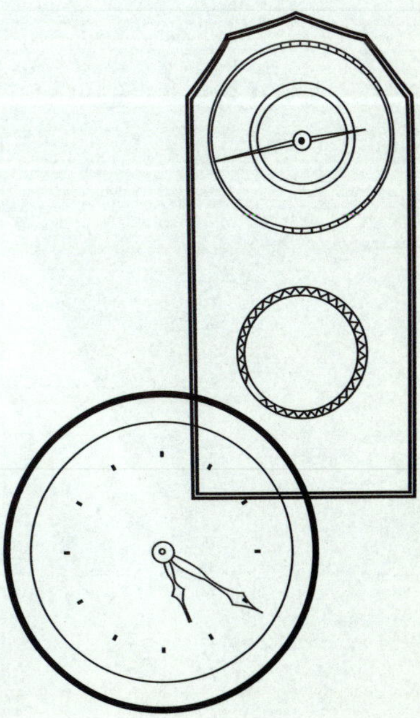

*chapter*

*02*

# Chapter 03

A once
in a lifetime moment!

时常想起的小时候

chapter

03

A once in a lifetime moment

## 最早的记忆

有时候会想，我们是什么时候开始拥有记忆的呢？在出生后到我们有记忆之前，都发生了什么？拥有记忆后，记忆中的那些事情，的确真实存在过吗？脑海里记忆的画面是不是按照我们的臆想拼凑起来的呢？

我能追溯的最早的回忆，大概是三岁时一次看球。那时候我就知道马拉多纳了，晚上有场他的比赛，我跟妈妈说，我先睡觉，到时间了你们要叫我起来看球赛哦！夜里十二点，妈妈真的叫我了，我一骨碌就爬起来了，兴高采烈地看完整场球赛。长大以后和爸妈聊起这件事，他们对于我那么一个小人儿能说到做到真的起来看球赛表示很惊奇。而我，对于爸妈把和这么一个小人儿的约定当真，表示很赞。

## 捡来的

关于我的出生，我爸妈借用了普天下父母最常用的说辞：捡来的。关于地点，他们设定在成都东门大桥。我当时很相信。每次经过那儿心情都怪怪的，具体是怎样却描述不清楚。

## 丑

小时候我爸妈说我最多的，就是长得丑。说那时候刚生下来，抱出去给别人看的时候，被人说“这不是你们家孩子吧？”言下之意，我太丑了。我爸妈都长得很标致，又英俊又美丽什么的。我爸家有四兄弟，放现在那绝对是成都 F4 啊！但不知道为啥我刚出生的时候就皱巴巴丑丑的，塌鼻子单眼皮。后来稍微大一些，长开了才觉得好看些。“小时了了，大未必佳”反过来也是说得通的。

## 生日照片

在 20 岁之前，每年生日都被爸妈带着，去照相馆拍一张照片。刚开始我也不知道这是为什么，没有想过，为什么只有在生日这天一定要做这件事情。现在找来看，发现很多很多的小时候。我妈最常在过年的时候找出这些照片，然后一家人窝在沙发上回忆当年。他们说那时候每年我一个人在拍的时候脸都臭臭的，有一年在照相机前面待了好久，怎么逗都不笑，真是气死个人，但突然，就小手一伸，指着妈妈咯咯咯地笑了起来。当然这个情景我不记得了，但我妈每次说到都很高兴。很多家长应该都这么干，最近网络很火的晒童年照片真是可以证明家长也是一种非常奇怪的生物，他们好任性地养大自己的孩子。还好我爸妈没有这样毁童年地对待我。

Hand Brewed
LIGHTER BODY
Yingacheffe
-ETHIOPIA-
Geisha
-PANAMA-
NO SMOKING

## 吃醋

小时候很容易吃醋，妈妈去抱别的小孩，说好可爱什么的，我心里特别愤恨，特别不舒服，我就不跟我妈说话，然后一个人生闷气。

我平常不会黏着我妈，但只要一到了不太让我有安全感的环境，就不离她身边一步。比如说去游泳，去水上乐园，不是有人造波浪嘛，害怕又想玩。当时我不会游泳，我妈也不会游泳。我就会一直抱着我妈的脖子，刚开始我们就在旁边泳池小范围地扑打扑打。然后我就缠着我妈带我去冲浪，一直缠着她。到了一个新环境，感觉到陌生好像有危险的信号，就会一直缠着我妈，有她在就觉得安全了。

妈妈对于我的教育是，没事别惹事，有事别怕事。小孩子的打架，也就是调皮互相惹来惹去。你如果是一个好惹的家伙，就理所当然欺负你，但如果你不太好对付，对方就㞞了。我记得我妈常耳提面命："不要去欺负别人，也不要害怕被欺负，被人欺负了就要还回去，不要担心，有我们在。"于是从小就有一种有大人撑腰的得意，你知道自己按家长说的去做就会是对的，而且他们会在身后保护你。

其实我也是爸爸的跟屁虫，家里就一个孩子，爸妈都很疼爱我。而且他们很开明，从小到现在，我觉得我们一直像朋友一样相处。

## 黄毛

基本上我还是一个很听话，不怎么惹是生非，成绩也还不错，是典型的中国式教育下的好孩子。初中唯一一次被老师请家长，是因为这头天生的头发。

那时候刚刚有染头发这件事，但基本上都是“小混混”干的事，“好学生”一般不这样。于是我这头有点不一般，在现在看来刚刚好，造型费都省了不少的自然黄，遭到了老师的强烈质疑，勒令我把头发染回去。我真心委屈，可是解释不通，就被叫家长了。家长的话老师还是相信的，但老师问了一个让我至今也费解的问题：你爸妈的头发都那么乌黑亮丽，你像谁呢?

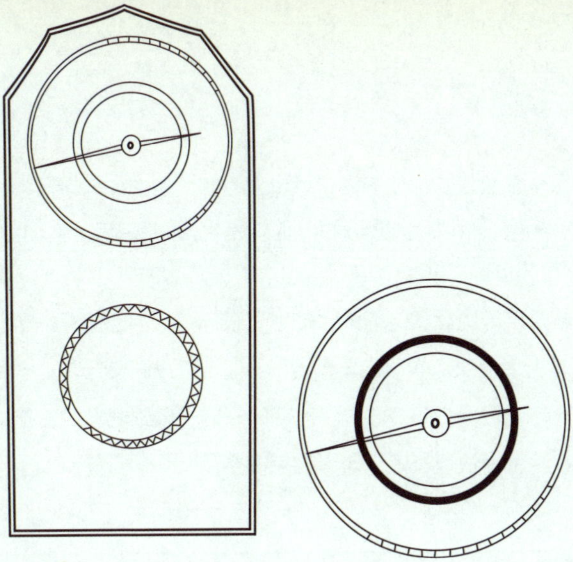

## 简单家庭

我家是很简单也很典型的成都家庭。外公很早就不在了，我没有见过，关系最好的长辈是外婆。爷爷是南昌人，奶奶是成都本地人。爷爷是到成都后变成上门女婿，然后安家在成都的。爸妈那一代的兄弟姐妹都多。爸爸排行第三，有两个哥哥一个妹妹。妈妈是家里最小的女儿，有一个哥哥和两个姐姐。这导致了我成为两个大家族中我们这一辈最小的，有六个哥哥。

## 想长大

小时候最想快点长大，因为家里全是哥哥，都是男孩，总觉得哥哥们做的任何事情都很吸引我。而我觉得他们能做这些事，是因为他们比我大，他们是大人。我想追上他们。

哥哥们做很多事，都是不带我的，这样更让我觉得大人的世界很神秘。当他们开始学英语的时候我觉得很好玩，于是也想赶快上学可以学英语；他们到可以骑自行车上学的时候，我也觉得长大真好，可以自己骑自行车上学；他们周末的时候跟同学约着出去玩，我觉得也是很羡慕他们，我就想快点长大，可以做很多事情。

跟姨妈家的哥哥是最要好的，每年放寒假和暑假都在姨妈家过，和哥哥玩。我记得哥哥有双红球鞋，每次我去他们家都吵着要穿，就觉得穿着特别神气，仿佛能飞檐走壁，一脚绝射定乾坤。放假在哥哥家，吃饭要看着，恨不得睡觉都抱着，最快乐的时刻就是穿着这双鞋一直跳一直蹦。好长一段时间的心愿就是拥有这双红球鞋，哥哥自然是不肯送给我的。每次离开他们家，因为这双红球鞋，我都要闹情绪，搞得跟生离死别一样。可是后来这双鞋的下落，我也不知道。

当时已经有很多游戏机了，掌中宝、任天堂、小霸王，那种插卡的游戏机，还有飞行棋。暑假就是一场长久的武林大会，差不多年纪的男孩混在一起，抱着游戏机比拼，

*chapter*

*03*

*A once in a lifetime moment*

天黑了，该回家了，就记好战况，隔天再打！

游戏厅是小学时代的事，初中的时候就有 PS 出来，有时候放学早的话会和同学约着去玩。那种 PS 游戏机厅就是一台台电视机连着 PS 游戏机，现在应该还有这种。最喜欢实况足球。

## 害怕的事

现在能想起来小时候最后怕的有两件事，一件是走丢，一件是溺水。

我还在上幼儿园的一天，家里人大聚餐。吃饭的时候我就听到哥哥们小声商量，待会儿一起去哪去哪，边商量还边偷瞄我。我就知道他们是去玩，而且不想带上我。我也一直偷偷瞄他们，竖起耳朵听，打开我的小雷达追踪。吃完饭，大家伙站在门口告别，大人们还在说话，这帮人互相递了个眼色，拔腿就跑。我立马松开抓着爸爸衣角的手，跟着跑。他们跑我也跑，一路追一路喊，等等我！等等我！他们才不搭理我，一溜烟不见了。我继续往他们的方向追着，亦步亦趋。一直到我跑不动了，停下来，才发现自己已经跑到一个完全不认识的地方。我在马路边站着，看着来来往往的车和人，根本不知道怎么回家，哇地一下，就哭了。

陆续有些人围过来，指指点点，问这是谁家孩子。我仰着头看着他们，全都是不认识的脸，他们围成一个圈，开始转动起来，眼睛鼻子都消失了，只剩下张大的嘴，像是要吞灭我，我害怕极了，什么都讲不出来，只会哭。

我不知道过了多久，只记得我一直哭一直哭。突然一双手伸过来，把我抱起来。

我睁开眼睛一看是我爸。爸爸紧紧地抱着我，说："好了，不哭了。"

我爸聊起这事的时候，也不无感慨地说，在饭店门口看着我们跑开，一开始还觉得我跟着哥哥们在一起应该没事，想想还是担心才追了上来，但已经看不到我们了。本来想朝哥哥们跑走的方向去找，却鬼使神差地就往相反的街去了，果然找到了已经跑出好几站地的我。

我居然差一点就这么丢了！幸好我爸把我找回来了。现在想起来真的挺恐怖。

另一件事发生在暑假去游泳的时候，我也差点搞死自己。某天我跟着我爸和我哥去游泳，我跟在他们后面往泳池走着。突然头顶上飘来我爸的声音："你敢不敢跳下去？"

我说："我敢！"然后就扑通跳下去了。

那是深水区，还不太会游泳又小小个的我跳下去就后悔了，因为我完全探不到底，也浮不上去。就在我费力扑腾感觉自己快要完蛋的时候，又是一双大手把我拉了上来，关键时刻，我万能的老爸救了我。

我爸后来挺无奈地说，他是在和我哥说敢不敢跳下去，结果我这个跟在他们身后的小孩子居然义无反顾地在他们说话的当口就不声不响地跳下去了。

这两件事情现在想起来，我都会觉得很害怕。人生也许在某一秒就完全不一样了。我可能不再是我，过着完全不一样的生活，再也见不到亲人。也有可能，人生完全结束在某一个还没有开始的点。

我们每一个平安长大的人，都要感谢自己的父母。

## 小学

小学开学的第一天，我期待了很久，属于那种现在理解不了，再也不再来的莫名的兴奋和期待。一般小朋友对于上学这件事都不怎么喜欢，特别是很小的时候，去个幼儿园啊，开个学啊，就跟要了命似的。但我对上学这件事还挺喜欢的，这概率应该和不怕打针的小朋友一样小。

我记得自己就背着一个漂亮的新书包，欢天喜地地去上小学了。

因为去得早，教室里还没有什么人，就自己坐在了第一排，继续莫名地开心，我也弄不懂开心什么。突然看到我在幼儿园里喜欢的那个女生也进了我们教室，我当时在心里默念，“坐我后面坐我后面”。

她真的坐我后面了！可是，我为什么没有想过跟她同桌呢？明明旁边也没有人坐。

小学跟幼儿园最大的不一样是有作业了。做作业考试这种事刚开始让我很激动。爸妈跟我说你要考双百分，我说考就考，有多难。第一次大的考试下来，语文 100 分，数学 99.5，是我一生当中考的最高分数。差一点拿到满分，有些遗憾哦。不过当时还是特别高兴。

STRONGER BODY

*chapter*

*03*

*A once in a lifetime moment*

# Chapter 04

A once
in a lifetime moment!

## 想念你的陌生人

对我来说，爱情是一件值得认真的事情。虽然我在爱情里也感受过伤痛、落寞、无望，但依然对爱情怀抱欣喜，感谢每段爱情教我成长。希望有一天能找到一个相伴一辈子的爱侣，然后像爸爸妈妈一样一起走下去。

## 第一次喜欢一个人

在我的记忆中，喜欢一个人这件事，很早就出现了。我第一次喜欢一个人，是在幼儿园的一个下午。我突然意识到，有一个女生对我来说，和其他所有的女生都不太一样，我对她的关注明显超过其他人。

我还记得那是一个下午，所有的小朋友们都在认真听老师读故事，我看起来乖乖地坐着，却怎么也听不进去，总是有意无意往左斜前方看。那个靠窗的位子，座位是空着的。和我关系要好的一个小女孩，已经好几天没来上学了。我很担心，不知道她是不是再也不来了。觉得喜欢的故事也听不下去了，喜欢吃的东西也不好吃了。下课后去问老师，才知道她是因为生水痘，怕传染，只能在家休息。我一直追问，她什么时候水痘会好呢？是不是病好了就可以来上学了？直到老师答复，说过几天一定会好，也一定会来上课，才默默地回到座位上。我希望她能快点来上课，想和她一起玩。这也许可以称为我的爱的初体验。

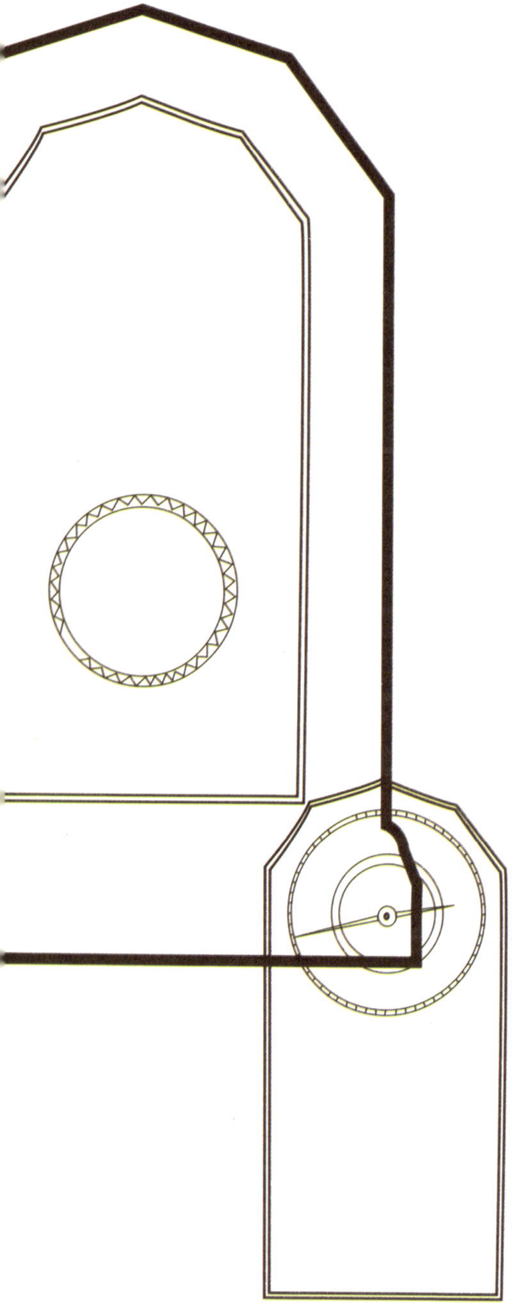

时年纪小，你爱谈天我爱笑，并肩坐在桃树下，风在林梢鸟在叫，不知怎么睡着了，梦里花落知多少……

## 真正的恋爱

爱是一个人的事，爱情是两个人的事。在任何一段爱情中，谁都不希望只是一味地付出。当付出和回馈对等时两个人的关系才最稳定的，当你为她做任何事情时，你在心中会期待她的回应，开心、激动、一个拥抱或是一个吻，两个人有你来我往的互动才能让关系平衡。或者两个人都是默默地只喜欢对方存在就很好的感觉，即使我们不互相做什么也知道你在对方的心里是独一无二的，这需要默契，需要性情相投，这样的伴侣是可遇不可求的。受爸妈的影响，我所渴望的感情可能更倾向于后者。两个人不需要太多的话语，彼此心灵相通，只要在一起就好。

当你爱一个人，付出投向无底洞的时候，你会焦躁不安，会心情失落，你总是不甘心，想去争取，想要再做些什么。别人都会觉得你很傻，但是你知道，如果不争取就不再有希望，即使希望是自己单方面想象的。当爱情已经无望的时候，也要站到最后一秒，以示对真爱的尊重。那些曾经为爱情做过的傻事，总有一天回头再看，你也会笑笑，多可爱的自己啊。尚有爱，就去爱吧。在一起，是我认为的爱情里最好的状态。因为工作的原因，很难相爱就“在一起”。异地恋也好，忙到没时间陪爱人也好，相爱的人们啊，竭尽所能地在一起吧，不特地做什么，两个人在一起就很好。

爱情萌芽了，就要行动起来。我准备第二天去跟她告白，因为正好我们要一起去补课，这是个机会。当晚我躺在床上翻来滚去睡不着，脑子里像放电影一样仔细地回想了和她的相处，其实我感觉她也是喜欢我的，对于明天的告白有了一些信心。第一次失眠，发现黑夜真的很漫长，看了几次闹钟，也才到早上五点半，原来等待是爱情里最考验耐心的事情，没有之一。

她平时搭公车上学，我骑自行车，我们像往常一样，在她下车的公车站碰头，然后推着自行车一起步行到学校。这天我很早就到车站了，骑车从来没像这天这样迫不及待过，看到她下车我就紧张了，不知该怎么开口，她看了我一眼，笑了，然后自己走在前面，我推车跟在后面，昨晚准备好的告白词在那一刻真的全都忘了，然后在我不知所措的时候，她突然转身说："我喜欢你，你怎么样？"我惊了一下马上说："可以啊可以啊！"然后我就骑车第一次载着她去上课了。

这一整天的补课，我都是云里雾里的，觉得时间过得很快，又很慢。上午的课结束了，下午没课，我们约好去看电影。还拉上我那个早就看穿我们的好哥们儿一起，帮忙打掩护。午饭她必须回家吃，这对我来说简直是煎熬。恋爱第一天在一起才四个小时就要分开两个小时，这实在太残忍了。那天我爸妈不在家，我回家随便吃了一些东西就开始等待，我一会儿躺沙发上，一会儿趴窗户上看同学来了没有，一会儿打开电视胡乱地按遥控器，一会儿给我的哥们儿打个电话催他，终于在我第 N 遍趴窗户往外看的时候，看到我哥们儿来了，我立马飞奔出去。然后我们又到了约定的公车站，开始了人生第一次约会。

那天看的什么电影已经不记得了，电影内容完全不是重点，光琢磨怎么去牵手，紧张得不知道银幕上到底在放什么，这就是初恋的样子。电影结束后，我牵着她的手，一起走。傍晚时我们都该回家了，在车站一辆辆公车从身边经过，她舍不得上车，我也舍不得她走，直到快六点钟她才依依不舍地上车，我看着车开出很远才骑车回家。回到家之后应该感觉特别兴奋，因为这一天我还没回过神来，连爸妈都觉得我今天不一样，问我什么事，我说没事啊，妈妈说那你傻乐什么，然后我就故作镇定低头快速地吃饭，吃完了迅速跑进自己的房间。

那时候谈恋爱不像现在，虽然没到要翻山越岭去见一个人的程度，但通信网络都没有现在便利。家里只有一部座机，还在客厅，即使爸妈不在我也不能给她打电话，因为她爸爸妈妈可能在家，打电话万一她的爸妈接该怎么办呢？那时候只能一个人在房间里想念。上学开始变得很有动力，希望第二天快点来，早点去学校见到她。

我们每天在公车站见面，然后两个人一起去学校，下课后我们有时在学校的操场上散步，有时候我故意逗她，打打闹闹，整个中学时光因为这一段单纯而美好的感情而变得更让人怀念。

*chapter*

*04*

*A once in a lifetime moment*

## 一见钟情

和你们分享两个小故事，关于“一见钟情”。我保证这两个故事的真实可靠，因为就发生在我身边。

2012 年我在上海拍《爱的蜜方》，我的化妆师来剧组探班，出发前自然要帮我们从北京带各种用品进组。化妆师去我朋友家拿钥匙，打开门的那一瞬间，我朋友看到一个“顶着光环”的人（恋爱的人用词都很肉麻，原谅他们吧！），那一眼就爱上了。后来他们当然幸福地生活在一起，现在还是。

2013 年拍《千金归来》，飞上海。我和经纪人在飞机上呼呼大睡，身边悄然发生了一场惊天动地的爱情。下飞机时我看到我的翻译和一个陌生人打招呼告别，我们觉得奇怪，但没有放在心上。过了几天，这个人居然出现在了剧组。在我们的逼问下才知道，这个人是个法国华裔，来上海出差，在飞机上和我的翻译坐邻座，两个人一见钟情，一个常驻地在法国，一个在北京，用英语谈起了跨国恋。

爱情随时随地都在发生，你只需要做很好的你自己，等爱情到来。我所看到的最好的爱情，是我的爸爸妈妈。他们的交流很简单，也会有斗嘴争吵，不用刻意去顾忌什么，那种熟悉和信任已经渗入在生活里。所以我能想象到的最好的爱情模式，也就是这种相守相伴，与爱长流。

我所认为的好男朋友，一定要具备以下几个要素：孝顺、勤奋上进、感情专一，还要有责任感。爱上谁或许不由自己，但选择爱人一定要慎重。年轻的时候受一点爱情的伤没什么大不了，但不用非让自己去受伤，选择一个值得爱的人，可以让爱情存活得更久。

## 爱的教条

我是一个很教条的人，小时候受到的教育至今都在心底根深蒂固。比如，关于何时结婚这个问题，我的答案就是被父母影响的。我爸爸 31 岁结婚，这在 80 年代来说，已经算是相当晚婚了。在我中学时，爸妈经常无意中说男孩子成熟得晚，年龄大一点结婚会比较好，那时会更成熟，更有责任感。我问：多大年龄算是年龄大一点呢？妈妈说：三十岁以后吧。

慢慢地这个标准我记在了心里。婚姻是很重要的事情，在说“我愿意”这三个字之前是需要深思熟虑的。所以，每个男人都应当在自己足够理智、成熟、能担当的时候再说出这三个字。

## 不浪漫

在情感面前，我不是一个浪漫的人。

我身上大概真没有什么可以说的戏剧式的爱情故事。被问到：恋爱中做过的最浪漫最疯狂的事情。我想了很久，能说得上来的就是：有一次工作间隙，突然多出一天的休息时间，我来不及告诉女朋友，就直接去了她在的城市。到了之后我给她打电话，她说工作好忙好累，问我在干吗。我犹豫了一下，说我休息准备去看你。她不相信。而我真的在电话里听出她的疲惫。于是我说，没有没有，我骗你的。我也还要工作，你好好休息。然后，我在她在的城市，自己找了家酒店住了一晚，第二天就匆匆地回去了。听到的人对于我这个故事并不满意，相比其他人太不算什么了。也是，这并不算什么。这就是我在爱情里的爱一个人的样子，我不太懂得去制造浪漫，也不太会表达，不怎么说甜言蜜语，我只是做一些我认为是照顾对方、对的事情。

我给自己做过的最浪漫的事情，是在演唱会上唱了王力宏的《流泪手心》。这首歌唱给我以前的懵懂爱情，每一句歌词都有曾经喜欢过的人的面孔。那一刻觉得与她很近，也确定与她越来越远，好像在用这么一首歌和以前说再见。我曾经爱过的女孩，谢谢你美丽的出现，丰富我年少单纯的生命。

chapter

04

*A once in a lifetime moment*

## 关于爱情

对于爱情，想和大家说，一定有命中注定的那个人。你看到他就知道对了。在此之前，不要着急，当你真正准备好要遇到他了，就会遇见。

当你遇到这个值得你去努力去坚持的人的时候，放下顾虑，勇敢去爱。人生总要有那么一次不顾一切的爱情，这样的青春才没有被荒废。

这个不要害怕，也是我跟自己说的。我也挺期待能够这样飞蛾扑火地去爱一次。去痛，去爱。我们一起去试一试。

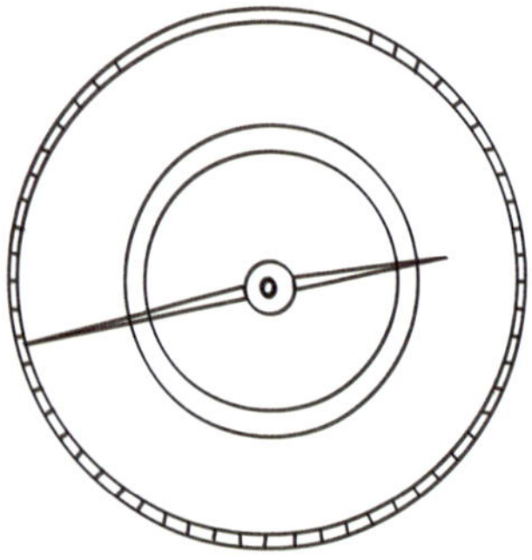

*chapter*

*04*

*A once in a lifetime moment*

# Chapter 05

A once
in a lifetime moment!

## 那些挫折教我的事

VACANT

## 一个人

2008 年春节过完，我一个人拖着行李回北京了。

近三小时的飞行，全程无话。落地首都机场，取行李，回到在北京的房子。

这房子已经住了一段时间，但年前工作太多，这个房子只是一个中转站，从这里去到不同的城市，住在不同的酒店，回来，换一套行头，再走。房间里年前来不及收拾的包裹和从四处带回来的礼物零散地堆着，家具和地板上积攒着隔了年的灰尘，床铺孤单地躺着。这个城市还有新年的狂欢，但在我开门的那瞬间，我看到了一个人住的孤寂。

在热闹的新年离开成都、离开家，我才明白，原来我已经真正在一个人生活了。

一个人吃饭，一个人看电视，一个人打扫房间……一个人生活没有什么大不了，我们每一个人都这样过。只不过啊，小鸟离开家，开始自己学找食，这样的过程里总会回望家的方向，想念他们。

第一次离开家去北京的时候，爸妈帮我整理的行李，那时候觉得，要用到行李箱出门，就是大人了。我终于可以自己一个人啦！

刚到北京生活，整个氛围都是兴奋的。一切对于我来说都很新鲜，有了一套完全属于自己的房间，没有人催着起床睡觉，没有人管没有人唠叨，就像脱缰的野马，欢腾了。这样的兴奋没有持续太久，很快，北京的饮食、干燥，没有人管没有人唠叨，没有朋友，一切和成都不一样的生活让我开始沮丧。北京的饭菜和四川天差地别，虽然川菜馆也很多，但根本不是那个味，满北京地找稍微正宗靠谱些的川菜。北京也特别干，从小生活在潮湿的成都，到了这儿身体也开始发出不适应的警告，流鼻血、脱皮。这样的情况下的确挺想家的，但和爸妈打电话的时候，还是千篇一律地报喜不报忧。

春节前的那半年，我正式开始工作，出了写真、发了歌，全国飞连轴转。在回家过年前的那段时间，每天都在赶通告。到腊月二十几了还有好些工作没结束，最后一天连工作人员都已经放假赶回家过年去了，我还剩下最后一天的电话采访。现在想想，为什么非留在北京呢？电话不是在哪儿都能接吗？那时候真是认真得不懂变通。那天起得特别早，翻出买了很久却一直没有时间玩的游戏碟，在家一边玩游戏一边等电话。想到今天过完就可以回家了，还是挺开心的，就连在采访间隙对付一顿的方便面，都觉得味道特别美。

过完年回来，北京的温度还停留在寒冬，春天没有那么快到，一切都很冷清。

开年后工作没有年前多，一下子松散下来。每天也就是去录音棚，重新学唱歌，上上

形体课。这种轻松的节奏反而让我慌了。就像刚从周周小考月月大考每天背书每天做题的高三下来，没有经过暑假的缓冲直接进了大学，一周只上几堂课，考试永远在以后。绷紧的那根皮筋松手得太迅猛，容易回不了神。我就是没回神的皮筋，不知所措。公司对付我这种状况很有经验，只告诉我，等你发片进入宣传期就忙了，想偷懒都不行。

他们说的都是对的。

很快地，生活又进入一种健步如飞的节奏，频繁地出入机场、酒店。站在我北京的房子，28 楼的家，从卧室的窗口望出去的能看到的那块空地，在新建什么大楼，已经建到第几层，我快要数不清了。

又过了一个新年。新年总是让人怀抱希望。新的一年，我签了新的唱片公司，我对开始了的这一年的期望是“大展拳脚”。好遗憾，过了没多久，我的手脚却被束缚了。

那是我二十几年的人生里，最为低谷的日子。一个有过发片经验的歌手，在又一次的 EP 宣传即将开始的时候，被叫来公司，一群人围着我，开会。模拟记者会，模拟节目现场，一个个问题轰炸过来。我稍微有些皱眉，但什么都没有说，按我面对媒体原本会有的状态开始回答这些问题。我没有察觉出什么异样。末了，总结陈词，他们认为我不是一个合格的艺人。好的艺人大概需要会作秀，会编故事，会搞气氛，会来事。

POLAROID

*chapter*

*05*

*A once in a lifetime moment*

*chapter*

*05*

*A once in a lifetime moment*

他们开始对我指手画脚，要求我按照他们的设想来呈现自己。我疑惑了，我已经出道好些年了，难道我的这些年都不对，都白费了？那些喜欢我的人是喜欢我的本身还是我的假装？

我不知道我该不该服从，我听着所有的意见，也试图和这些意见握手和谈，但我的确找不到方法，我连这些意见到底是对是错都想不明白。这样的状况，有点像职场新人会遇到的。工作了两三年，有些自己的想法和工作模式，但是前辈会要求你改变，用“约定俗成”这个模具来重新修饰你，把你打造成流水线上出来的一模一样的机器娃娃。他们对你穿几厘米的高跟鞋，马尾扎到哪个高度，衬衣纽扣扣到第几颗，进公司大楼时是先迈左腿还是右腿虎视眈眈着……而我们只是希望学一下怎么做更漂亮的PPT，怎么更迅速地拿下这份合同。

出发点都是好的，因爱之名，只是他们用了粗暴而又直接的方式，这让我招架不住。我实在是一个不善言辞的人，我不知道怎么去表达我的真实想法，我也不知道怎么和他们去沟通。我只是默默地，默默地。

他们的确影响了我。我开始审视自己，我怀疑我的一切。我觉得我站在台上的一切都是错的，我站着的样子不对，我笑起来的感觉不对，我说话的语气不对，我唱歌的台风不对，我好像什么都不对。

我尝试着用他们说的方式去假装我自己，这样的我更不对。

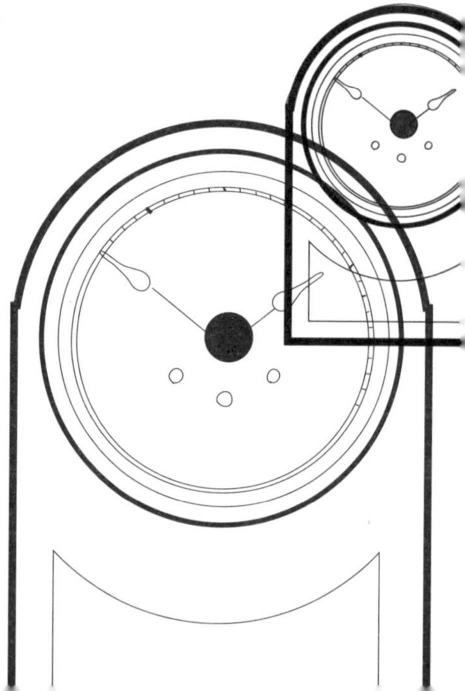

我只是知道一切都不对了，但那时候的我并没有弄清楚到底是什么不对。

我开始陷入一种怪圈，讲不出，做不好，更讲不出，更做不好。他们认为我是故意不配合，我是一个不听话的艺人。

我开始失眠。我坐在卧室，28 楼，从窗口望出去的空地已经盖好了高楼，挡住了我原本看得到的更远的地方。

我看着城市的灯光暗下去，夜黑透了，偶尔传来的汽车轰叫和犬吠声让整个夜更为安静。用不了多久，又看着天边跳跃着上来一丝光亮，然后整个天开始泛白，我只有在这个时候才能昏昏沉沉地睡去。看了多少个这样的夜，我也不知道。

我给 season 小姐打电话，我说我是不是就这样回成都了？回去可以干什么呢？我也讲我其实也希望自己能够做得更好，但现在我对"更好"的定义都模糊了。更多的时候是在讲一些莫名其妙没来由的话，自己都不知道在表达什么。

就在和公司的关系变得微妙时，公司也有了变化。大老板离职了。于是之前只在娱乐新闻里看到的"某某公司高层地震，某某某受累停滞"类似的情形悄然站在了我面前。

接下来的日子，我不止一次地听到，"不做了"、"摆着吧"、"就这样"……人为刀俎，我为鱼肉。作为有触觉有思想的"鱼肉"，我不情愿就这样了。我开始寻找另外的出口，拍戏是个很好的方法，不需要唱片公司投入太多做太多。

在这期间，我没有跟爸妈说，和每一个漂泊在外的小孩子一样，虽然知道任何时候回家，爸妈都会在，但就是不想让他们担心，总是逞强地说着一切都好。

这种日子持续了很久，我都已经拍完了两部戏。我的失眠好了很多，尽管我也不知道什么时候才能真正走出这个困境，就那么负重前行，我对于我的要求是：别停下来，别倒退。

当第三部戏都快要进组时，公司的架构终于明朗化，新的契机终于来了。我迫不及待地和公司对话，带着合约。我记得那天妈妈跟我说，你放心，一切马上就会不一样的。是的，在一切趋于安稳的时候，我还是和爸妈交代了我的这些经历，以求他们放心。在妈妈告诉我那样的话后，一切真的就不一样了。

现在回想，这也像两个人谈恋爱，因为爱，彼此会有一些超乎对方本身的设想和要求，没有对错，只能说真的不适合彼此。恋爱快要消散时，保留仅存的爱，成全对方，好聚好散。毕竟，爱过的。

所以，谢谢很多人很多事，成全我放手去走自己想要去走的路。

“一切不能置我于死地的东西都会使我受益。”—— 尼采。

chapter

05

A once in a lifetime moment

# Chapter 06

A once
in a lifetime moment!

# 学会爱

## 爸妈是我爱的榜样

爸妈对我的教育塑造了我，他们用生活上的点点滴滴影响着我。

爸妈五十多岁了，这个年纪依然保有生活的热情。他们两个人在一起，就能够生活，好像世界本来就只有他们两个。好像不需要有朋友，他们本身就是很好的朋友。这不意味着他们排斥朋友，有朋友一样可以玩得很愉快，他们的朋友都很羡慕爸妈的情感，像恋人、亦朋友、亦爱人，也会吵架斗嘴，也会开玩笑撒娇。

年轻人恋爱时也无非如此。爸妈让我知道爱情不会在时间中乏味。

有时我不工作在家陪爸妈，我就像一个旁观者静静地看着他们。

他们一起做饭，一个掌勺，一个择菜，一起吃饭、聊天，有时候饭后一起看一部电影，或者一起坐在沙发上看电视，讲讲今天的球赛或某个新闻事件，聊聊家长里短。

爸爸是一个特别有原则的人，狮子座，性格很强。但他在我妈和我面前一点都不强势，他真像狮子王那样谦让、呵护我们。我爸做得一手好菜，平常都是他下厨，其实我妈厨艺也很好，但我爸不怎么让她做。我爸有些时候会一个人默默坐着，不说话，看起来很忧郁。这一点我遗传了我爸，有时候也不说话冷冷的，其实我多数是在放空。这种时候我们家人都很默契，不会觉得有什么问题，在同一个屋檐下也留给彼此空间独处。

*chapter*

*06*

*chapter*

*06*

*A once in a lifetime moment*

## 我的女神

妈妈是我心目中的女神，上得厅堂下得厨房，能把老公孩子照顾得很好，知书达理，美丽大方，时尚潮流。难得的是，到现在还保留着一颗少女之心。妈妈有时候还会穿很粉嫩、有蕾丝的衣服，但真的一点都不违和。

他们都是很有个人魅力的人，这也一定是他们相爱至今的原因之一。

## 细流

我拍戏的时候，爸妈也会到剧组来探班，住上一段时间，帮我改善下伙食，在当地走走逛逛，偶尔到拍摄现场看看。他们把这样的日子当成他们的旅行。

这种简单的生活方式对我们年轻一代的来说，要做到有些难度。我们可能更自我一些，太在乎自己的感受，任何的付出都希望立马得到回报，追求刺激追求热烈。而爸爸妈妈的爱是安静涓细的，他们也是那代人大多数爱情的折射，这是他们让我看到的最好的爱情的样子。

## 在乎彼此的方式

我和爸妈的相处交流也很平静。不能在他们身边时，也就是打打电话。很简短，不会讲太多，互相问问吃饭没有，天气好不好，报个平安就安心了。去年我生日的时候爸妈没有在零点给我打电话，后来告诉我睡着了。今年生日时我提前打电话给他们，让他们上好闹钟，别又睡着了。这就是我们的方式，很在乎彼此，但不会以爱之名去禁锢什么，有任何问题直接讲，沟通好就好了。工作上生活上遇到问题，我也会讲给爸妈听，听听他们的意见，也把我在外面看到的世界分享给他们。

我和很多人一样，不习惯感谢爸妈，当面说爱。嗯，虽然爸妈知道我们肯定爱他们，但也要开始多跟他们表达，爱你们。

*chapter*

*06*

*A once in a lifetime moment*

# Chapter 07

A once
in a lifetime moment!

# 享受过程

## 家

我是一个比较单线条的人，在北京生活了这么多年，常去的只是那几个区域，几家餐厅，家门口的咖啡厅，不太远的电影院。反复做的永远是那几件事情：打球健身、看看电影、出门吃个饭、回家一个人待着。关于北京，我去过的录音棚、摄影棚、媒体单位要多得多，熟悉得多。

十几岁一个人来到北京，这么些年的工夫，从不会一点家务事到有兴致也自己煲煲汤做个饭。后来给自己换了个大房子，虽然一年到头基本都在剧组，在这个新的家也住不上几天，但还是希望回北京的时候有一个更像家的地方作为具象的牵挂。

忘了从什么时候开始，和爸妈告别时口中的“去北京”变成了“回北京”。北京空气不怎么好，也是座偌大的堵城，可是我真真实实地生活在这里。有时候和朋友闲聊，我待在北京的时间并不多，住在哪个城市甚至国外其实都一样吧。但仔细想想，又觉得还是在北京好。目前这是我的中心，从这里出发，去到四面八方，又从四面八方回到这里，飞机即将落地的时刻，俯瞰北京，灯火扑闪，像被装饰好的糖果盒，很有趣。

北京庞大而强悍，小时候我从未想象过会去到北京，但我来了之后就被吸纳包容，暂时离不开了。北京的家不再只是仓库，不只装着我的行李和情绪。我逐渐开始在这里生活，不再只是吃饭睡觉这样地生存着，我重新审视自己，要自己打开些，生活起来。

成都依然是不可取代的故乡，父母在的地方就是根。我的童年、青春，最纯粹的友情、爱情、亲情和自己对自己的肯定都留在了成都。它是我的能量基地，在我开心或者不开心的时候回到爸妈身边，在成都住几天，就能像充好电满血复活，然后再战。在这个城市行走，其实也找不回刚入少先队狂喜着奔跑、第一次牵起女生的手恨不得天永远不要黑路永远不要完的简单幸福，但在这里心就会踏实，你知道走几步就能回家，没有什么好担心的。

上海，对于我来说是一个特别的城市，虽然我在上海待的时间并不长，但感情不一样。每回到上海都会觉得亲切和熟悉。这是我人生起飞的地方，每次经过某些地方的时候，脑海里依然都能回想起我在哪儿领过奖、做过活动、开过演唱会，那些欢呼、掌声和尖叫历历在目。当然，还有哪里有好吃的我也很清楚地记得。

## 简单的一天

没有工作的一天，我基本是这样：有球赛的话一定早早起来看球，其他时候也不会太晚起，早餐是一定要吃的。牛奶、麦片和鸡蛋是我的基本配置，既简单又有营养。面条、粥之类的也很喜欢。早餐一般都会比较清淡，除此之外我挚爱的是重口味的川菜和火锅，在我的饮食里面早晚餐可以用冰火两重天来形容。

看看新闻看看书，到中午时，在家点外卖，简单的一两个菜就可以搞定一餐。午饭后，继续宅在家里，上网、看书、看电影、玩玩游戏。有时候也会约人一起喝个下午茶，聊聊天，但不会走太远。如果晚上和朋友吃饭，我一般会选择杨家火锅，在北京的应该都知道吧，我觉得他们家味道比较正宗。到点就要给父母打打电话，看看他们在干吗，聊聊天。

下午的必备功课是健身，健身我已经坚持了两年多。其实我不算一个特别有恒心的人，我爸和我经纪人都说这是我目前最持久的一件事了。可能是因为我在健身上能看到成效吧。晚上什么时候睡基本也取决于有没有球赛。没比赛看的日子就看看碟，喝点小酒，红葡萄酒或者香槟，安然入睡。

我是一个足够能跟自己待着的人，寂寞和孤独不要带进身体，试着享受，和它们做朋友，很有趣。

## 小分裂

我在微博上的签名是“拽而不狂，拽而有礼”，这句话当时引发了些小争议，我被批评，一个偶像艺人不应该呈现这样的面貌。这是什么样的面貌呢？一个偶像艺人又该是什么样子呢？在我的理解，“拽”是一种态度，我用以面对这个世界的样子。任何年代的年轻人，都会有一个去迎接世界和社会的样子，大家的面貌一定不同，没有对错也没有好坏。“不狂”、“有礼”是我从小所受到的教育规范。我就是会很拽，我时常在内心给自己鼓掌，认为这小子真不错！但我不会因此对人没礼貌，不会狂妄自大，更不会自以为是不可一世。这样才是我，和传统概念上的偶像也许不一样，但偶像也没有都是一个模样吧。

AB 型血是有些分裂的人，放在金牛座身上，就形成了既分裂又认死理的矛盾体。但我的这种分裂能够发现的人很少，我很好地隐藏了。

我的分裂，性格和外表就是。大家给我贴上的标签大多是：阳光、温暖。其实我的身体里有一个不安分的老灵魂。我听很早年的歌，像一个老年人一样独处，对新鲜事物接受得不快，思想较为固执守旧……看吧，我和你们以为的我是不一样的。我也喜欢偏摇滚以及很先锋的歌，谢霆锋的一些歌我很喜欢，他的为人态度也是我欣赏的。但是唱片公司从来都认为我是个唱慢情歌的最佳歌手。

*chapter*

*07*

*A once in a lifetime moment*

分裂的具体感受就是身体里有两个小人，一遇到事情就打架。举个例子，我其实有很暴躁的一面，当一件事情出现，可能还没发生，没有实际的坏结果，我就会开始急，想要发脾气。心里面一个我在暴跳如雷，一个我又心平气和地跟自己讲，没关系，别在乎。就像要去赶通告，车流多起来，还没开始堵车，我就会很着急，会很想要抱怨“又堵车，迟到怎么办，怎么不算好时间，怎么不选择更好的路线……”但我表现出来的是气定神闲，并不说什么，还会安慰下工作人员。这两个都是我，真实的我。我也有情绪，但我更清楚情绪在什么样的场合如何表达才更有效，才能不让自己和身边的人被情绪绑架。

我属于悲观主义的人，我知道有本书叫作《悲观主义的花朵》，还没看，我想应该能从中间找到一些共鸣。我的悲观主义让我在面对事情的时候都先想到最坏的结果，我的担心顾虑比平常人要多很多，这导致我在做一件事情前一定要反反复复确认。这也不算什么坏事情吧，慎重比冲动要安全很多。

我也很固执，对自己认定的道理很难改变。进到这个行业，总有人跟我说，你要学聪明点，多交际，很多事情你要自己去张罗啊，大导演大制片人后面排队的多着呢！就因为有那么多，我本身并不是这样的人，所以我更不想改变自己，我不要人云亦云。在这中间我当然有摇摆过，我也反思这样无谓的坚持有必要吗？我多跨出一步，会不会让一切容易些？不过在这个问题上我没有分裂，我只是偶尔给固执放个假。

每个人都有纠结的一面，我相信我是大多数人中的一个。在爱情里也会有。走到了快要告别的时候，觉得分开是最好的结果，对两个人都好，但又会想，我应该坚持，或者再努力一下，结果可能就此不同。面对纠结，我的方式是不刻意去做什么，就让自己在这种情绪里，等一等，一切都会不一样的。

这么归纳总结看下来，我是个不太懂得生活的人，因为不太懂，会错过很多事和人，我想我应该对生活要更加地热情和有想法，打理好自己生活的点滴。

我们经常感慨，为什么小的时候喜欢一个东西，如果得到它，就会视若珍宝。一双新鞋、一辆新自行车都会让我们开心不已，买一个好看的书包或一双球鞋，我们会激动得睡不着，放在床头不舍得睡着。然而越长大，满足感就会越降低，很喜欢一个东西，因为喜欢就会马上去买来送给自己，有可能这个东西喜欢了一天就没那么喜欢了，一辆自行车，它不过是个交通工具而已，我们对喜欢的东西没那么持久的喜欢了。这或许是因为生活条件变好了，想要一个东西变得容易，而降低了对某件东西喜爱的持久性，若一件东西你不容易得到它，或许你会更加珍惜珍藏。

对于过去的回忆，那些视若珍宝的东西，我们只能不停地回忆、回忆，但是回忆似

乎跟你晚上做梦没什么区别，没什么意义。

回忆，只是你无聊时打发时间的一种方式而已。

即使这样，我们还是无法停止回忆，因为能让你回忆的，都是我们回不去了的过去。我不知道这种回忆或是怀念是好还是不好，我不知道怀念青春和年少到底有什么意义，它好像并没有任何意义，但是在过去的一年依然掀起了狂热的怀念青春的热潮，我也偶尔跟随大潮陷入小深思。

我们不能停下的时间，此刻马上就能成为过去，成为下一秒的回忆，时间不会因为任何东西停留下来，它是最无情的东西。回忆，当你意识到你在回忆的时候，你应该尽快抽离出来，因为我们总是要向前，而不能停留在过去，过去的，现实就是：它，永远地成为了过去！没有停留！或许有一天，当你老了，走不动了，只能坐在摇椅上看日出日落的时候，当回忆成了你唯一能做的事的时候，回忆才会显得有意义，这就是时间让回忆开始循环，开始转圈圈。就像黄晓明前段时间在微博上说："7 岁时候深信不疑的道理，17 岁坚持，27 岁怀疑，到今天再回到深信不疑。原来我们的信仰大多都是绕了一个圈，再回到最单纯的原点。"我被这句话刺中了，这句话在我脑海中萦绕了很多天，难道我们不是这样吗？自己的年华在自己的肯定和否定中开始兜圈。

*chapter*

*07*

# *A once in a lifetime moment*

*chapter*

*07*

# Chapter 08

A once
in a lifetime moment!

# 好男人，爱工作

chapter

08

A once in a lifetime moment

## 剧组生活

这两年，时间让我沉淀很快。我从一个歌手转变成一个演员。

现在媒体还会问我更喜欢唱歌还是演戏。两个我都很喜欢。真的。在唱歌里我更自我，在演戏里我体验不一样的人生。我只是先抓好在现阶段我更有把握出成绩的事，但哪一个我都不会放弃。

## 过把瘾

第一次拍电视剧是 2008 年客串的《网球王子》。这是在中国和日本都被千万粉丝热爱的经典少年热血漫画。整个拍摄过程对我来说，就只有两个字：新鲜。当时角色是佐博，在故事中的原型名叫佐伯虎次郎。整个从开始拍摄到最后播出，我都觉得像玩一样。新鲜迅速。这只能算过把瘾。

## 明道带来的契机

2008 年年底和明道的一次闲聊，让我真正走上了演员之路。很偶然的一次机会，我们一起出席一个活动，我和明道在后台聊起了关于表演的事。明道就像一个饱读诗书

*chapter*

*08*

*A once in a lifetime moment*

的专家学者，侃侃而谈。在表演这件事情上他的确算得上专家学者，他讲起这些时眼睛里是带着光的。这让还没有真正演过戏的我对他描述的世界很好奇，心生向往。刚好聊到他接下来要演的一部戏——就是后来的《幸福一定强》，他突然说："我觉得你的形象和气质很像剧里的陆森，你要不要去试试这个角色？"然后就非常热情地请他经纪人帮忙联系了当时的制片人。

就这样，明道拿着一把闪闪发光的钥匙帮我打开了一扇全新的大门。

## 着魔了

确定出演《幸福一定强》里的陆森。接下来的每一天只要有空就看剧本，一字一字地背对白。找了很多的偶像剧和电影看，揣摩剧中人物的表演。我不打无把握的仗，但我会把霍霍磨刀的样子藏在人后。我不习惯让人看到我没有准备好的样子。从那时候起，我开始有目的地去看这个世界。我会观察走过我身边的每一个人。隔壁桌一对男女在吃饭，从他们的着装和动作去猜他们的职业和关系，男生说话时女生的表情透露着她有多爱他……

其实对于表演这件事情还好，我有努力的方向，所以没有那么紧张。反而我最担心的是在剧组的生活。这次要在剧组待几个月，几乎所有的演员和工作人员我都不认识，我不知道真正的剧组生活是什么样，大家是如何相处的。我本身就对陌生环境很怵，想到这些，我赶紧打电话给一个演员朋友，他说，没什么，你就拍你的戏，拍完就回酒店啊。他的这番注解让我对剧组觉得更恐惧。

## 高群书导演的教导

进组前，逮到合适的人都会立马请教关于演戏的事。在一个朋友的聚会上，我碰到了高群书导演，我赶紧提问："怎样才能演好一个角色？"导演人很好，很耐心地回答："你的形象不错，把你心里的感觉表达出来就行，不要想得那么复杂。其实演戏很简单，你怎么想的就怎么演。"我使劲点头，以示附和。内心其实在问"就这样？"回头想想，当时自己问的问题太大了。后来拍的戏多了，我也体会到高导说得有道理，我演的每一个角色都有我自己的影子，因为是我在用我的经验、感悟、理解诠释这些人物，他们都是我，又都不是我，但就是我演出来的那个人。

## 进入剧组

带着一颗忐忑的心，拉着几大箱子行李进组了。好在大家都很友好，明道也处处像大哥一样照顾我，不久也就和大家熟络了起来。这部戏的导演是张孝正和杨冠玉，都是台湾很有名的导演，他们对戏的要求很高，尤其是张导，有时候演员表演不好挨骂是很常有的事。但是他们没有骂过我，也许觉得我是第一次演戏，有很多可以原谅的因

素吧。每次自己的戏结束，我就拖一张椅子坐在导演旁边看他导戏，也会看到别人的表演向他请教，张导觉得我很好学，很照顾我，给予了我作为新人需要一个成长的那个空间。或许对于新人，导演和制作团队都不会有过高的期待，做得好，那是意外收获，做得不好也是情理之中。在这样包容的环境里，我没有太多压力，大家也觉得我的表现算不错的，给了我很多的鼓励和教导，当然这也给了我很多的信心。

不过有一点值得肯定的是，那时我背台词是相当了得，上学时打下的基础啊！

## 真爱谎言

这两年，我拍了不少戏。扮演过的角色里最特别的是《真爱谎言》中的希宇。他有自闭症，讨好、撒娇一概不会，他很固执地生活在自己的世界里，他呈现出的是生命最本真的样子。直到他遇到了一个女生，开始了解爱，试着用常人的方式去爱。

接拍《真爱谎言》这部戏的过程也挺有趣。当天正在石家庄录制节目，快要结束时突然接到消息，说回京的途中要先去一趟涿州，见个导演。一阵手忙脚乱，临时调度车，张罗着去涿州。至上励合那天和我同台，我们在同一个休息室，张远知道后特别有兴趣，说要跟着去看看。我们几个挤上一辆车，冒着雨顶着黑，奔去涿州。路上简单看了下大纲，对剧中人物做了个大概了解。

这部戏的导演是香港导演高林豹，我们一见面就直接切入主题。高导说很着急要找这个角色，因为马上就要开机了，觉得我形象上倒是比较符合这个角色，但不知道我的演技是不是能扛得起，他问我有没有信心演这个角色。我跟高导说，我不知道自己能不能演好，因为我没演过这种角色，这会是一次全新的尝试，我会努力去演好。接着我又问了高导一些关于角色的问题：他的病是后天原因导致的还是先天性的？病到什么程度？生活能否自理？我想通过这些问题对这个人物有更多的了解。

简单的谈话后，我们驱车回京。我不知道给导演的印象是好是坏，其实那会儿连我自己也没太清楚我是否真的适合这个角色，一切都太突然了。回去的路上，还和张远说说笑笑，他打趣要是我演这个角色他就来给我客串，演个打手流氓之类的。

很快就有结果了，一周之内合约签订，过完年就开机。后来和导演聊起，他觉得我提的那些问题不一样，对人物和生活是有想法和观察的，所以力荐我出演。《真爱谎言》是根据韩国的一个电视剧改编的，在韩国的电视剧叫《白色谎言》，这个剧当时播出的时候在韩国的收视率很高，春节期间我也把韩国版的从头到尾看了一遍，还找了些讲述自闭症小孩的电影，比如《雨人》《海洋天堂》观摩。

*chapter*

*08*

*A once in a lifetime moment*

*chapter*

*08*

*A once in a lifetime moment*

## 第一场戏

我的第一场戏特别简单，就是和家人一起去别人家里做客、吃饭。虽然这看起来很简单，但表演起来并不容易，因为我在剧中是一个有自闭症的人，到了陌生的环境，应该是紧张害怕的，那种感觉要在没有言语的情况下，通过眼神和动作来表现。这条拍第一遍没过，我把注意力都放在面部表情上了，忘了脚下，和正常人一样行走。导演过来给我讲戏，他对我说：你的眼神不要乱看，你要先观察环境，然后再做出反应，走路也要慢，不要太敏捷。没关系，调整下再拍。

我那时的感觉就像导演是一个武功高人，他自身修炼了很强的内功，随便点拨两下都会让你武功大增。

我不断地鼓励自己，我相信有一天我也会武功了得，而且是自成一派。不会太久的。

每到一个剧组都是需要磨合的，也需要慢慢去进入那个角色。

大概拍了一周的时候，一天晚上我跟去看了电影《观音山》，虽然这是两个完全不同题材的剧，但是不知为什么，《观音山》让我有种醍醐灌顶的感觉。尤其是里面张艾嘉和陈柏霖的对手戏，展现出细腻的生活触感。我突然就找到我要的感觉了，当时越想越兴奋，恨不得马上开工去拍戏。那一刻真的是打通任督二脉的通电了一般的感觉。

chapter

08

第二天开始，状态真的不一样了。

那天拍的是在医院门口的一场戏。

我在剧中喜欢一位护士，你知道做护士是很辛苦的工作，我知道她很辛苦，看她很累不应该缠着她，但因为我跟一般人不一样，有沟通障碍，我虽然懂但是却表达不出来，那时内心很复杂，着急、难过。那一刻的表演让我自己都头皮发麻，我觉得这次绝对演对路了，果然导演喊停的时候说："对，是这个感觉！过了！"

在同组演员身上也有这种偷师学艺的经历。潘虹老师是一位很有实力很会带戏的前辈，在剧里演我的妈妈。有一场要拍我的哭戏，在走戏时我有些担心，怕自己情绪不到位，哭不出来。正式拍的时候，我按剧情设计，蹲在桌子底下，听潘虹老师开始说台词。她一字一句，饱含深情。我认真听着，就仿佛真是妈妈在和我说话，讲她的苦衷讲她的不易，不知不觉中我眼泪就下来了，自己就是那个不懂得表达心意的希宇，完全忘了在演戏。

演这样一个角色，没有帅气的动作，没有漂亮的辞藻，却让我很入戏，很过瘾。有段时间和家里人打电话，妈妈都会说"你说话现在怎么变得那么奇怪"？哦，我又在用希宇的口气和妈妈讲电话了……

## 等

在剧组，你除了要好好拍戏外，还有一件事情要做好，那就是：等。

等通告，等出发，等拍摄，等放饭，等转组，等收工……坦白说我一度觉得“等”是个很折磨人的事情。一大清早起来，化好妆，有时候还得长途跋涉、翻山越岭坐好几钟头的车到拍摄现场，哦，正打灯布置呢，那就等吧；哦，上一场还有几个镜头，那就等吧；哦，搭戏的演员转组还没到，那就等吧！十来二十分钟那不算等，一两个小时很平常，也有要等上三四个钟头的。以前我难免会抱怨。有回在现场和李威一起等着，我看他很淡定地玩手机，一直都没追问过时间也没催过，完全不急。我有点纳闷，问他为什么。李威回答我：“在片场等的确折磨人，但拍了这么多年戏，非常清楚拍戏就是要等的，我们急导演比我们还急，催是催不快的。”就等等吧，跟自己说没关系就好。这样的经验分享对我挺有帮助的，我开始抱着外语书、游戏机开工。利用等的工夫学学外语，累了就打打游戏，跟自己说没关系，就等吧。

## 进组综合征

每个剧组都是一个小社会、小家庭。它的存在很短暂，大家相处也就两三个月，从开机的第一天，就需要大家迅速投入融合。而我是个投入很慢的人。

剧组这个小家庭，两三个月也就散了。即使曾经朝夕相处，但终究要各奔东西。我又是个抽离很慢的人。习惯了一个环境一个空间，我就很难迅速退出。刚刚融入，又要离别。杀青当然是盼望的，但杀青回到北京，就会落寞一阵子，从习惯了的上一个剧组生活里慢慢地让自己走出来。所以我的大哥、二哥、大嫂一大堆，和拍过戏的演员都会成为朋友，剧组散了，但我们的情谊还在。

刚拍戏那一两年，每次进组都要犯“进组综合征”。症状无外乎：面对一字排开的行李箱不知道该从什么地方开始收拾，剧本打开又合上基本看不进去，一直碎碎念“哎呀，我又要进组了，三个月啊，那些人我都不认识啊怎么办啊……”可恨的是，他们面对我这样的症状也就放任自流，根本不理会我，告诉我出发时间，到点就把我拎走了。

一直到 2012 年，拍《爱的蜜方》进组时我的症状才消失。可能正好那个戏是在春节后拍，过了一个年，休息得比较好，也期待快点工作。也可能是已经习惯了这种从一个剧组出来立马又投奔下一个剧组的生活，来不及发作了。

## 剃头

拍戏中最让我纠结的事情当属剃头。那年我在泰国度假，躺在海边，正惬意着，经纪人的电话来了，告诉我接了《赏金猎人》，马上签约，也就意味着我要为这个角色剃光头。好心情立马就没了，我都忘了我是怎么离开海滩回到酒店的。总之，很沮丧。当然这部戏前期沟通了很久，关于角色和造型我们都做了很认真的讨论，绝非儿戏。

你们知道的，我对发型多少还是有点在意的啦。我从来没有剃过光头，也不知道光头的我好不好看，有点无法想象那样的我是个什么样子。定妆前那个晚上，我对着镜子看着打湿的头发滴着水珠，想着这颗脑袋明天就要变成一个光头，一股悲凉涌上心头。一夜无眠。

我幻想着出一个什么大事件我就可以不用剃头了，或者剧组对这个角色又有了新的想法，把我设计成一个有头发的古代捕快，又或者推迟个几天开机……一切都没有发生。第二天一早，我老老实实地坐在化妆间，等待“执刑”。一群幸灾乐祸的人围着我，叽叽喳喳，我根本听不见他们在说什么，窗外有只云雀飞过，我大喊“快来救我！”这只鸟看了看我，我也眼巴巴地看着它，它扑翅就飞了。唉。

“等一下，老师，我帮他拍张照！”我亲爱的经纪人在旁边喊了句。你知道我听到一

句“等一下”时的心情吗？我以为奇迹就要发生了，虽然我已经被剃了一道，但还有得救，有得救啊！结果，是要全方位影音一体化记录下我被剃成光头的整个过程。我，我真想扑上去咬死这个喊“等一下”的家伙！

头发剃光了，无论我多难接受也已成定局。我把光头的照片发给了爸妈、朋友。妈妈说好像小沙弥，朋友也都说挺帅的呀。好吧，我只有默默地去习惯我是光头这件事了。

刚开始一下戏就会戴着帽子，武装得特别严实。时间长了也就不那么在乎了，就顶着亮堂堂的头出门，因为横店最不缺的就是光头。

在拍完《赏金猎人》最后一个镜头时，我长吁了一口气。这部戏是我的第一部古装戏，也是我第一次到横店拍戏。从刚到剧组准备剃头的纠结到即将分别时的不舍，感觉就像一夜间发生的事情。最初我还觉得我为了这个角色做出了很大的牺牲，但现在看来真没有什么大不了的，这样的尝试挺好的，证明我也可以为一些事去努力。这部戏的意义在于是我人生里的一道“分水岭”。不到长城非好汉，不到横店靠边站，在那之后我能够特别理直气壮地说我是一名演员。

## 神奇的事

唱歌和演戏有很多相似的地方，唱歌很自我，没有对手只有自己。演戏是件已经把情绪喜怒给你设定好了的事情，演出来的角色是披着别人的外衣，有着自己的灵魂的物种。演戏，演的是角色之间的关系，生活当中人与人之间的关系是最难把握也是最重要最基本的习题。表演源于生活，源于基本。

在我心里，梁朝伟和金城武是演员中最极致的状态。不迷恋媒体，不被市场绑架，无比用心地去诠释角色，有着自由的人生。这是我所追求的境界。

## 最想尝试的角色

作为演员，都想尝试不同的角色，现阶段最想试试的是韩国电影《大叔》里面的角色，历经沧桑，有担当，负责任，时刻都在和悲催的命运抗争。难能可贵的是，永远保持着少年心气。眼睛非常干净，在和孩子说话的时候很温柔。这才是真正帅气的男人。

想演很生活化的人和体味人人都遇到的情感。其实最难演的角色是大家生活中都能接触到的人物，最容易的是虚构出来的人物。生活中的角色观众都有既定的评判标准，演得好与坏，一播出立马见真章。虚构的人物自由发挥的空间很大，你赋予他的灵魂

就成为他。

以前我从来没有想过我的外形在接戏选角色方面会不会有限制，某次一个记者问到我这个问题我还大言不惭地说："当然没有，好的演员就是要能够塑造不同的角色。"那天过后，season 小姐和我进行了一番讨论。她告诉我，其实很多导演、制片人一上来都是希望找我演一些高富帅、形象好的角色，觉得我外形符合，而一些有特色有特点的角色都会先对我的外形打个问号，担心我长得太帅了，演个普通人不太像。简而言之，就是我长得不够接地气。好吧，这都是他们说的。欧美包括港台、大陆有很多演员，用他们很帅很美的外形演绎了很多经典角色，或平凡或坎坷，但都很生动。形似只是表演的第一层次，神似才是一个角色最需要的。一个好的角色，我是愿意通过增肥、扮丑等等手段完成、丰富他的。

## 立扬

《爱的蜜方》里的立扬，外界评价这个角色很贴近我本人。其实我自己内心没有那么阳光。立扬是一个简单而直接的孩子。而我自己，在私底下其实很少说话，有时候会忧郁，心思比较重。如果说像，大概是都有少年气息吧。

## 简溪

很感谢《小时代》里的简溪，把我带回了绿色的校园时光。简溪号称“完美初恋男友”，每一个有过学生时代的人心里都有一个简溪。关于我演的简溪，不见得符合每一个人心里的“初恋男神”，但我希望能多一些人喜欢他，因为他是我用自己的青春感悟去完成的一个人物，这个过程中有我的很多“感同身受”，很多情绪和故事都是那个年纪专属的。

有一场戏，我穿着白衬衣，坐在学校的阶梯教室，风扇在头顶转着。我这个“过来人”成了“现在人”，我不是在拍戏，是真的在教室里。第一次希望拍的这场戏不要停，希望班主任今天晚些到最好别来，今天在路上会不会遇见那个人？今天的体育课不要被数学课占用了，今天千万别突击考试！希望这个梦不要醒。告诉你们这些“现在人”，珍惜好时光。

## 毓泰

在我演过的角色里，最贴近我本身的是毓泰。话不多，很隐忍。冷漠的性格里藏着滚烫的爱，这种爱只会是暗涌。能懂他的人却不多。

*chapter*

*08*

*A once in a lifetime moment*

## 百里屠苏

认识《古剑奇谭》里的百里屠苏最初是通过小说，我没有玩过游戏，但只是看完小说我就已经喜欢上这位少侠了。我不想找一大堆的形容词来堆砌，我始终觉得要完整地描述百里屠苏并没有那么容易。苏苏在很多人心目中是完美的，在我心里也是。他是一个相当帅气的少侠，这不只是在讲他的外表。

进组之前，一如既往地做功课。读小说，看游戏视频，和游戏打了通关的同事聊人物和故事。

出演百里屠苏，受到了很多关注。说关注是比较客气的用词。从开机仪式到定妆照再到路透剧照，每一天在剧组的每一个动作都会引来铺天盖地的讨论和争议。由网络散发而来，在现实生活中落地。不是你不去看不去理会就不存在了，这些讯息钻山打洞，披荆斩棘，气势汹汹地来到你面前，逼得你一定要正视它。那么就正视它吧。仔细地看，认真地想，但不要被它牵着鼻子走。你就做你自己，真正身在其中的只有你自己，控球的是你自己，场外观众呼声再大也只在看台上。保持好自己的节奏，打一场漂亮的比赛。这也是对观众最好的回应。

坦白讲，压力是一定有的。我的压力不是体现在吃不下饭睡不着觉，我变得很较劲，和自己较劲，和身边的人较劲。这一年夏天的横店非常热，连常年在这儿工作的场工都说今年比往年热得多。我穿着里三层外三层的衣服，有时候还得穿铠甲，背着剑套，披着长头发，从天微亮拍到天黑透，天天打怪兽，中暑过好几次。这样闷热的环境更容易让人执拗。这个夏天横店的雨很少，但还是有。下雨了就会冲走一些闷热。所以等那一场雨下下来就好。心态还是要靠自己调整的。

中间也有些有意思的事情。我在大学参加 Cosplay 比赛的照片和视频又被翻了出来，一些网友迅速倒戈变成支持我，关于“李易峰在玩 Cosplay 时我和我的小伙伴还在玩泥巴；逆袭到电视圈”的网络段子也甚嚣尘上，气氛顿时一派祥和，其乐融融。我当然知道“百里屠苏”在 Cosplay 圈的意义和标杆，但没觉得参加过同类比赛拿过奖和出演这个角色有什么特殊关联，直到大家翻出这些历史，并津津乐道。我现在也没觉得这有多了不起，给大家贡献一些调剂品倒是挺好的。这也有点像电影《贫民窟的百万富翁》里的桥段，人生的每一个经历都不会白费。

# Chapter 09

A once
in a lifetime moment!

## 最初的自己

## 一把好手

大学的时候，我都是寝室最早起床的，6 点半就爬起来。不是因为用功，而是因为我想第一个用到厕所。我要洗一下头，要把头发吹干，步骤会比较多，然后就起来，7 点 5 分还是 10 分要正式到学校一个湖旁边去晨练，练嗓子，背绕口令，读文章这些。

## 被关注

有一个称号伴随了我很多年：校草。早在出道前人们就这么叫我了。

上初中的时候，隔三岔五早上都会有女生送早餐给我，上学的路上一路会有学姐学妹盯梢尾随。等到了高中，情况就变得更夸张了。当时我们学校的教学楼是环形的，四面都是楼，花园在中间。我早上骑车上学，放好自行车走进教学楼，哄闹声一片，抬头一望，四面教室的楼上楼下，一楼二楼三楼，全部都是人，女生都在喊：来啦！来啦！……

放学回家，一出校门，门口也有人站着。其他学校来的也有。我爸妈发现这个现象之后特开明，觉得这完全不是一个值得关注的问题。

## 爸妈对恋爱的态度

小学的时候，收到一个女生给我写的情书，被我爸看到了，他什么也没说，估计觉得都太小，也就是扮家家酒闹着玩。

后来高中谈恋爱时被我妈发现了。她有一天突然问我："坐在你车后边的女生是谁？"我当时都傻了，只能盯着我妈，内心默默翻涌"招还是不招"。然后我妈教育我："自己悠着点！"哦，就这样？！没了？！不严刑拷打一番？

中国的父母大多数都不和孩子谈论情感，在这方面的教育古板而严苛。我的父母很开明，他们不多加干涉，只适时地提醒我。我们会像朋友一样谈论，遇到爱情困扰时我也会向爸妈求助，失恋的时候妈妈是我最好的倾听者，直到现在我的感情生活都会一五一十地跟爸妈交代。

## 被全班保护的年代

说到早恋，在学校我从小就是老师的重点监察对象。高中的时候甚至被班主任控制不准我出去做广播体操，很直接地说："李易峰你就别去了，很麻烦。"

*chapter*

*09*

还有更夸张的事。有一次开班会，班主任说："李易峰的电话你们不要随随便便给别人，我们要学会保护自己班里的同学。"你们不会知道我当时有多么尴尬，我想说，老师，没关系的，我习惯了，我懂得保护自己……

那时候还有人把我在运动会上的照片冲洗出来卖，还有一个刻成光碟的版本。十块钱还是八块钱之类的吧，做得不比现在偶像市场的应援物差啊。

后来班主任找我去谈话，她看我在学校念书念得这么惹眼，认为是我自己太招摇或是我故意去招惹女生才会这样。老师一本正经地教训："你看你每天招惹的这一大堆！"我当然申辩这不关我的事，我真没有招惹谁。老师也是刚刚大学毕业，比我们大不了几岁，可能觉得和我这大半小子讨论这样的话题也难为情，训着训着自己脸就红了。班上的男生们开始起哄，老师都急了，有些气急败坏地说："我要喜欢也不会喜欢你这种男生。"我回答："老师，很多事情都是言不由衷的。"老师非常好涵养，扔给我一句"少臭美了"，就结束了这场谈话。嘿，那时候真是淘气。

## 告白

听到最多的“我喜欢你”也是在学生时代，会以各种各样的方式被告白。有时候走在路上，有女生过来就说我喜欢你，也许成都妹子都敢想敢做吧，所以这样的事件发生概率还比较高。不过再勇敢的女生到了这时候都会有些羞涩，往往表白完了也就沉默了。遇到这样的喜欢，我大部分时候也不太知道该怎么做，而且一般周围都有同学，沉默好一阵子，只能说谢谢，然后大家就尴尬地离去。有时候上学骑着车，突然后面会冲上来一个女生，飞速地递给我纸条，再飞速骑开，骑得比我还快；也有送到我家楼下保安室的；从其他学校寄过来的，通过同学转交的是更多的。

被大家这样喜欢，说不高兴一定是骗人的。很感谢有那么些人把最单纯美好的“初喜欢”放在了我身上，也因为你们，我的中学时代多了一些色彩。

## 也被男生喜欢过

在这些人中间，也有男生。上初中的时候，学校组织我们年级去绵阳风洞旅游，很难得的两天一晚的行程。当时大家那个兴奋劲啊真是难以言表。小时候能够离开父母和同学们一起在外面玩，没大人管，没大人催着睡觉，简直就是一件值得庆祝整整一礼拜的事。现在回想那时候的喜悦都还是会忍不住微笑。

*chapter*

*09*

*A once in a lifetime moment*

在吃饭的时候，有另外一个班的男生拿了一封信给我，说“这个是别人让我转交给你的”。我就说行了，意思是我们不要先谈这个，先玩先吃一会儿再说。但他特别坚持，也不走，硬把信塞给我：“是某某给你的，那个男生。”我只能瞪着他说别闹了。我以为他是在开玩笑，就没管了，也没放心上，这事就这么过去了。

回学校之后有一次在操场上打篮球，拿信给我的男生问我，那天给你那封信你看了吗？我们班男生让我转给你的。我还是不相信，说你不要逗了，哪个男生啊？当时篮球场正对着他们班窗户，我一抬头，窗前正站着一个男生看着我们这边。我就说是那个男生吗？你真爱开玩笑啊！他说：“是，确实是那个男生。”我摇摇头，说：“不可能吧。”但看到窗前的那个男生很紧张的样子，发现我们在看他，就闪开了。我知道这个事是真的。

当时也没有概念说 GAY 或喜欢男孩子什么的，只是似乎在成长的每一个阶段，小学、初中、高中都会有几个男生有些女性化，你只是觉得他是“假女娃子”，就是这种，你不会觉得也不懂他们是另外一个群体。

和写情书的那个男生后来并没有什么故事，他再看到我都会害羞地躲开，我有时候会对他笑笑，没有觉得有什么不一样了。当时身边知道这件事情的同学，都没有把这封情书当成很特别的一封，也没有把这个男生当成很特别的人。成都人天性都比

chapter

09

A once in a lifetime moment

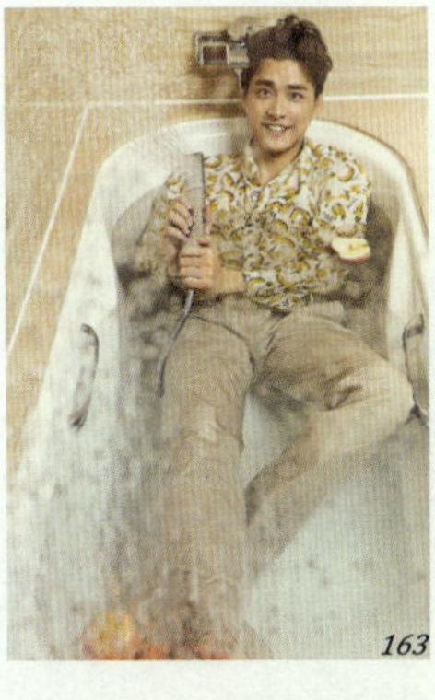

较开明吧。爱是一个人的事，爱情是两个人的事，何必放到别人的世界里去考量呢。现在越来越多的人勇敢地忠于自己的爱，没什么不好，总比刻意欺骗自己，欺骗别人要强，在爱情这件事上诚实是行善。

## 你会怀念那个喜欢他的自己

喜欢一个人，要告诉对方。即便有一天这样的喜欢不复存在了，你们也会因为曾经的告白而变得有牵连，在彼此的记忆里留一个美好。年少时的喜欢和喜欢打游戏或特别喜欢打篮球应该差不多，看到一个人会脸红，想要讲给他听，在旅行的前夜辗转反侧，和朋友一起胡乱打闹，人群里总忍不住去看他，我们只是在喜欢而已。这种喜欢，和喜欢的这个人，或许已经没有关系了。但有一天，你会怀念那个喜欢他的你自己。

说到这几年的青春电影，我印象最深的是《致我们终将逝去的青春》，那天看完电影，一个人走在北京初夏的路上，想起了我并不长久的大学时光。

电影的场景和我的大学不太一样，毕竟那是我上一个十年的故事吧。我的大学是绿色的，更鲜亮一些。寝室里的卫生状况也好很多。但通宵打牌的热闹、新生入学社团招人的盛况一模一样，真是让人禁不住要笑出声来。我只住了一年的大学宿舍，可以说的故事没那么多。毕业那天，也是从片场匆匆忙忙飞回成都，参加了毕业典礼，下午又飞回厦门继续拍戏，连散伙饭都没来得及吃，也没有和同学们对酒当歌，抱头痛哭，这还是有点遗憾的。还好我有穿学士服，和大家一起扔学士帽拍照留念，也算形式上的圆满吧。

2013 年，国内的青春电影状况要好很多，60、70、80 都能在大银幕上相应地找到缅怀热血青春的作品。以前我们自己的电视电影描述过许多的红色年代、知青年代、文艺年代、改革年代、战争年代，却唯独缺少属于我们的青春年代。

## 青春

整个学生时代，我更喜欢初中一点。初中比较无忧无虑，高中相对学习压力比较大，毕竟都要考虑考大学的问题。

现在联络比较多的还是高中的同学。每年过年都会有同学聚会，大家见见面，吃吃饭，不用特别做什么，在一起就很舒服。学生时代会遇到你一辈子的朋友，总有那么两三个人，大家很聊得来，亲历了彼此的青春岁月，看到你的伤心难过，知道你的情怀秘密。不过我的这些死党都是女生，都是特别好的姑娘们。哎呀，说起来才想到有一个是前天结婚呢！作为不靠谱的朋友，我答应人家要录视频祝福的，居然给忘了。

那时候在成都，我和一个好朋友聊着天吹着牛，突发奇想地跑进一家名车 4S 店，两个人装模作样，摆出一副“什么都没有就是有钱”的嘚瑟劲，专挑贵的车试驾。销售人员一看这阵势以为我们就是富二代，刚从国外回来的那种，超乎寻常地热情。我们俩也真讨人厌，特别潇洒无惧以及厚脸皮，过完干瘾，末了还要开个空头支票给店员：明天就来提车，等着我们。出门后就狂笑，第二天顶着烈日换一家店继续假装富二代去“过干瘾”。青春就是这样吧，会没有原因地做出一些很无厘头的事情。就像柯景腾办一个莫名其妙的格斗比赛，女生会觉得无聊幼稚，但男生就非常理解，总要有个出口释放我们的热血、冲动、精力，这就是青春。

12
3
9

chapter

09

A once in a lifetime moment

# *Chapter 10*

A once
in a lifetime moment!

不怕狼一样的对手，就怕猪一样的队友

quality syrups
imported for rich flav

## 一生朋友

2013 年最喜爱的电视剧是韩剧《绅士的品格》，四个帅气中年男人的生活。里面有很多桥段都很有趣，在学校打架，打赌一起戒烟，从穿校服一起走到西装革履。你也会羡慕有这样长久的友情和志趣相投的朋友。好的友情比好的爱情其实更难得，爱情很容易刻骨铭心，而友情却细水长流，有太多的聚散离合，一不小心大家就走散了。

还好我也有十几年的老朋友，我们都已经到了一不小心友情就上了年纪的时候。由于工作的特殊性，我不是别人随叫随到、朝夕相伴的朋友，所以我也习惯了朋友不一定要时常在身边，很久不见不联络，但彼此的默契和熟悉都会在，因为是朋友。我认定的朋友，是可以相互讲心事，没有什么利益关系，绝不利用。

我有一个刚来北京时就认识的朋友。有一回我们因为一件小事争论起来，谁都没让步。自此之后我们大约有半年没有联系。我们俩都属于嘴很硬的人。我知道我们不会因为这件事掰了，我对我们之间的友情很了解，而且男人与男人之间的不愉快其实很容易过去，等有空了一起打场球，扔瓶水给对方就没事了。只是那大半年我们都很忙，没有在球场遇到。有一天晚上 12 点多，他突然给我打电话，我听出他的声音不太对劲，他告诉我他养了很多年的狗狗死了。我说，你等等我，我现在去你家。到他家后，我们没有说太多话，陪他坐了会儿，我又自己回家了。还有一些朋友，能见面的机会更少。高中同学里面关系最好的那几个，基本都只有回家过年的时候才能见面，都是女生。她们已经在谈论房子、孩子，讲各自的老公、家里小宝贝买了什么玩具，有什么特别逗的事，打算在哪里上学。我就这么听着，虽然和我的生活有些不一样，但大家的亲切感都还在，不会觉得无聊。我很愿意从这种家长里短中分享她们的安心和知足，也为她们开心。我们见面的时候还像小时候那样，抱抱、摸摸头、搭搭肩，最开始她们也挺为我着想，说要是被人看到传绯闻多不好啊，我很坦然地宽慰她们：谁没个女同学好朋友啊，没事！

我的朋友里女生真的挺多的，我不属于“黄小贱”式的男闺密，还是比较像正统些的蓝颜知己。我的这些女生朋友会和我讲心事，让我站在男生的角度给她们分析问题出主意，逛街、家务事需要劳动力时那也是一点都不含糊，而她们也会分担我的坏情绪和不高兴。在我的概念里，男生和女生之间存在着很纯粹的友情，两个人相遇，他们的关联有很多种，不是非要往爱情上靠。

拍戏这几年，也有结交这样的女生朋友。她大咧咧的，我把她当哥们儿多点。巧的是我们俩住得特别近，平常也会去对方家里坐坐，一起玩。有次从剧组回北京参加活动，只待一天。家里什么都没有，没有水没有吃的也没有毛巾牙刷，床上用品也都收在储物柜里，我就懒得回家，很不客气地给她电话，要求借宿一晚。她帮我点了夜宵，准备好洗漱用品，我们边吃边聊天，困了就各自回房睡觉。第二天一早我赶飞机，她还在房间里睡觉，我收拾好，轻轻地关上门走了。不需要客套，不需要刻意说谢谢。

兄弟、朋友、爱人、家人，甚至陌生人……有些人，无论在生命中扮演着怎样的角色，都注定陪伴我一生。

12

3

6

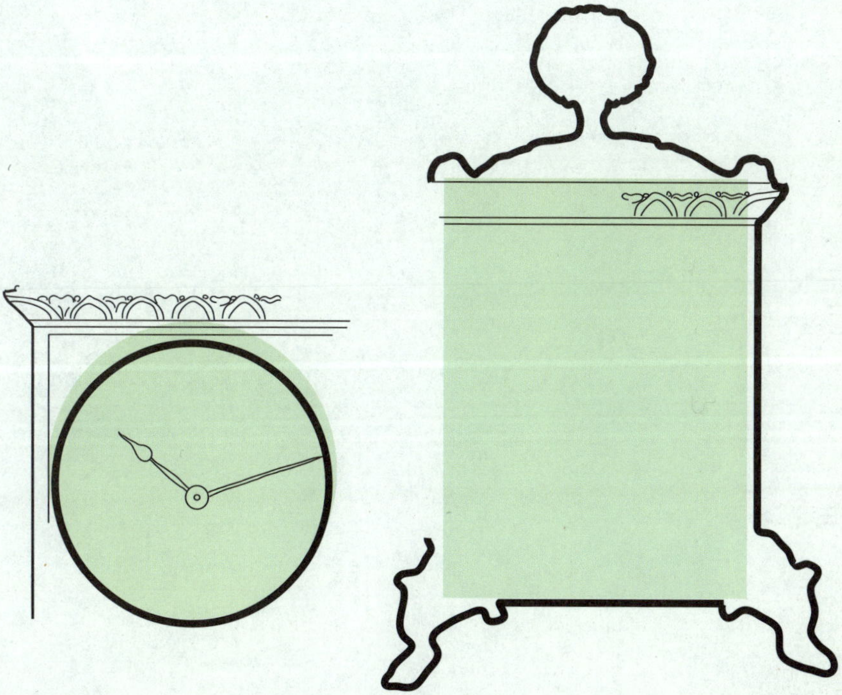

chapter

10

syrups
r rich flavor.

chapter

10

# A once in a lifetime moment

# Chapter 11

A once
in a lifetime moment!

那些生命中微小而确定的幸福

## 印象中最深的一部电影

电影不仅仅是约会时看的，独处的时候可以看一些需要动脑筋的影片。推荐一部电影:《肖申克的救赎》。这是一部老片子了，很经典。有内容的东西就是会留存下来，任何时候都不过时。喜欢这部电影是因为它的博大，你能感悟任何你渴望了解的：信念、自由、友谊、制度、理性……

电影名字直接明了，是 Andy 的救赎，也是生命的救赎。影片里，Red 说，希望是危险的东西，是精神苦闷的根源。在重重挤压之下的牢狱里待了三十年的他的确有资格这么说。我们好多人，不知不觉中都成为了 Red，在习惯中麻木，在麻木中终老，制式的生活逐渐变成禁锢自己的牢狱，最后连逃脱都不敢去想。但总有 Andy 这样的人告诉我们，“记住，希望是好事，甚至也许是人间至善。而美好的事永不消失。”于是 Andy 用了二十年挖开 Red 认为六百年都无法凿穿的隧洞。当他终于爬出恶臭的污水管道，站在瓢泼大雨中情不自禁的时候，我们仿佛看到希望在信念的支撑下得以实现，冲破了重重黑幕，在暗夜中打了一道夺目霹雳。亮光之下，我们的懦弱纷纷现形，并且颤抖。我们需要 Andy 这样的信念者给予些指示和牵引，或许我们自己都应该成为 Andy。

*chapter*

*11*

*A once in a lifetime moment*

MADE IN ENGLAND

ifferent
ind of
arty animal.
Soloist Coffee Co.
Soloist
Coffee Company

*chapter*

*11*

## 关于火锅与红酒

作为一个成都人，作为一个金牛座的成都人，美食必然是爱好的第一梯队。内心美食第一名必然是爸妈做的家常菜。位居第一梯队的另外一个就是火锅。

有朋自远方来，到成都，一定要带他们去吃火锅。熙熙攘攘、觥筹交错、香气四溢，每个人都沉浸在美食之中，欢喜悲伤蘸了酱，和着又麻又辣的汤汁下了肚，什么都不是事了。这就是典型的成都生活。

说到我对火锅的热爱，进组前一定要抓紧时间去吃杨家火锅，哪怕这一天工作到很晚，不吃就得一别数月啊！中间每次回北京参加活动，一下飞机就开始琢磨这次有没有可能去吃啊，能不能吃到啊，但大多数都只能是想想，一般时间都很紧张，而且太晚吃会影响第二天的工作状态，那个抓心挠肺啊。每到一个城市拍戏，我也会特别关注下周边有没有火锅店，特别是来自成都的连锁店，期望找到熟悉的味道。

如果我要做投资的话，一定是开一家私房菜馆。以金牛座远近驰名的美食味蕾和我吃遍大江南北总结出来的美食地图，取长补短，我这家店一定会成为餐饮界的头号明星。

除了爱吃火锅之外，我还喜欢喝点小酒。喝红酒。

我喜欢喝酒，但从不酗酒。很多时候晚上都会喝一点红酒，睡觉前喝点红酒对皮肤和睡眠都有好处，尤其是女生，这个养生小 Tip 推荐给你们，不过未成年不可饮酒哦！无尽的夜，喝喝红酒，听听音乐，是一件多么惬意的事情，人也会平和下来。

拍《千金归来》的时候，我和李威常常约着一起喝酒，李威也是一个爱酒之人，他在品酒方面造诣比我高很多。有时候收工早，我会去他房间找他聊天，一起喝喝红酒，玩玩电脑，聊聊天。这在剧组也是一种自我享受和调剂情绪的好方法。

我对酒并没有很挑剔，不像有些好酒之人会专门去上品酒课，把这当成一项研究去攻克。在酒的选择方面我会随意些，随遇而安，反而时常会收获意外的惊喜，偶尔喝到一款好酒就会开心半天。

在口味上我会选择略带甜味的葡萄酒，澳大利亚、智利和美国的红酒是首选推荐，更适合年轻人的口味，不是非常醇厚但带有清香，价格一般在一百多到几百块不等；法国的红酒味道太丰富，味道醇厚，苦涩感也比普通的红酒要重，所以法国的红酒我很少选择。除此之外，我偶尔还喝气泡酒，这种酒也很不错，酒精度数不高，味道柔和，大多数女生会喜欢。

## 关于运动与健身

健身是一件枯燥而单调的事情，但会带给你快乐。

初学者最好在教练的指导下进行，一来可以量身制订健身计划，规范动作，二来也可以督促你不犯懒。健身初期最难的就是坚持。的确累，一泄劲就想算了，一算了就真的都算了。

健身也是个循序渐进的过程，一开始会吃力，很多动作也难做到位，但坚持下来，你会慢慢发现身体的变化，某些以前都活动不到的部位也有了感应，流汗都变成一种享受，通过运动开始了和身体的对话。这就是健身的魅力吧。

在剧组，我会买些健身器材和教学视频，在房间或者酒店的健身中心锻炼，尽量保证运动量。

足球是我的最爱，我不仅喜欢看，而且喜欢踢球。机缘巧合，我在杭州和绿城足球俱乐部的专业球员们一起特训了一天，过了一把职业球员瘾。那种奔跑和发梢都滴汗的感觉是最好的释放，仿佛回到了成都，回到了小时候，回到了小时候训练时的场景。或许我留在成都、漂泊在任何城市，过着朝九晚五的日子，但心中仍然有自己的梦，或许我就是你们中的任何一个。

心亦野草
时光刀锋
万千世界
不离壹刻
此去经年
天真犹存

*instant*

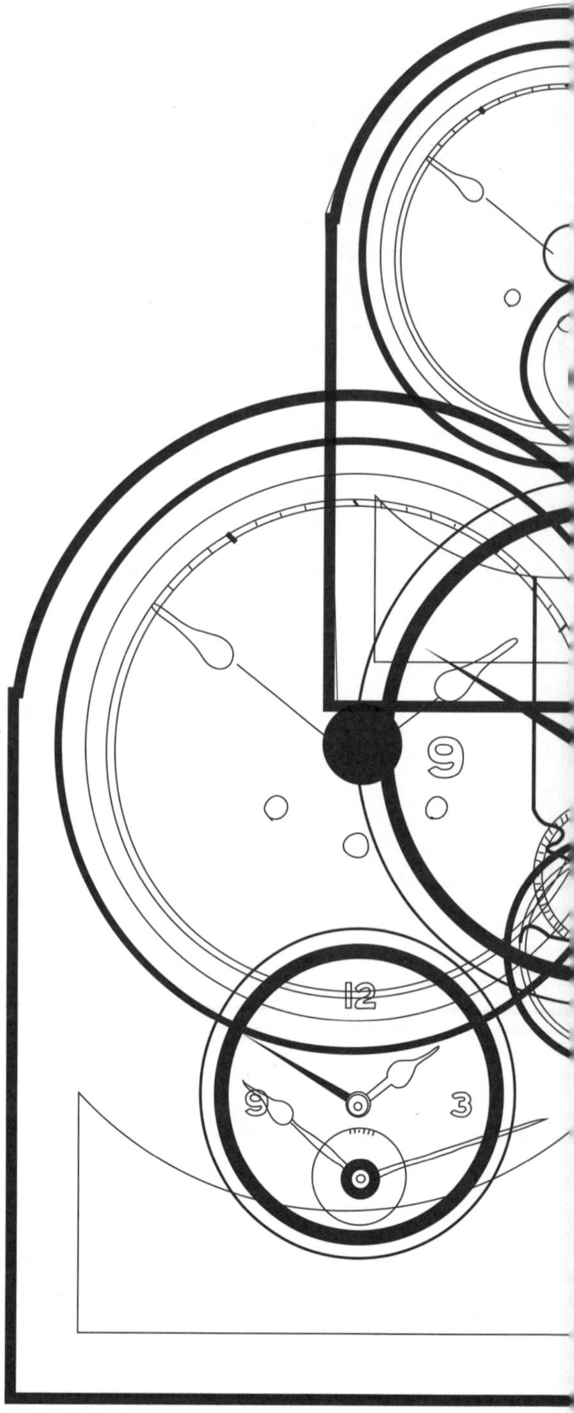

出　　品：欢瑞世纪影视传媒股份有限公司

北京磨铁图书有限公司

一本图书策划工作室

出 品 人：陈　援　钟君艳

王俊灵　崔丹华

总 监 制：贾士凯

总 策 划：董可妍　刘思辰

项目负责：Season Lau　刘　莉

艺人经纪：董可妍　Season Lau

宣传统筹：孙于夕　余　师

摄影统筹：马海波

化　　妆：李　睿

服　　装：胡　娜

摄 影 师：汪　洋（暄赐映画 北京暄阳广告有限公司）

**场地支持**

soloist coffee　@soloistcoffee

空白空间　北京朝阳区机场辅路草场地 255 号

本书预售封面及白色背景场景中出现的艺术作品均为【空白空间】代理作品

木马剧场　朝阳区百子湾路 32 号 22 院街艺术区 B 座 31 号（近今日美术馆）

caffebene @ 咖啡陪你 caffebene

唐拉雅秀大酒店

天漠旅游景区　怀来县东花园镇龙宝山小南辛堡镇

图书在版编目（CIP）数据

壹刻：李易峰最好的时光 / 李易峰著 . — 北京：
金城出版社，2014 . 7
ISBN 978-7-5155-1113-9

Ⅰ . ①壹… Ⅱ . ①李… Ⅲ . ①李易峰－生平事迹
Ⅳ . ① K825.76

中国版本图书馆 CIP 数据核字 (2014) 第 140783 号

壹刻：李易峰最好的时光

作　　者 李易峰
责任编辑 雷燕青
整体装帧 熊琼工作室
开　　本 700mm × 980mm　1/16
印　　张 14
字　　数 80 千字
版　　次 2014 年 8 月第 1 版　2014 年 8 月第 1 次印刷
印　　刷 廊坊市兰新雅彩印有限公司
书　　号 ISBN 978-7-5155-1113-9
定　　价 46.80 元

出版发行 金城出版社 北京市朝阳区广泽路 2 号院东 14 号楼
邮　　编 100102
发 行 部 （010）84254364
编 辑 部 （010）84250838
总 编 室 （010）64228516
网　　址 http://www.jccb.com.cn
电子邮箱 jinchengchuban@163.com
法律顾问 陈鹰律师事务所（010）64970501